iPhoneで お金をかけずに
ビジネス動画を
作れるようになる本

機材選びから企画・構成・
撮影・編集・公開まで
見て分かる！
超スモールステップ解説

オリカワ シュウイチ 著

PENCOM

ビジネスの現場で使える動画を iPhoneでお金をかけずに 作れるようになる本

本書を手に取ってくださって、ありがとうございます。
本書は、**動画作りに不慣れな初心者の皆さん**が、**お金をかけずに、iPhoneやiPadで
ビジネス用途の動画を無理なく作っていくための情報に絞って**まとめました。
そのため

1 見やすい・
聴きやすい撮影　　**2** 分かりやすい見せ方　　**3** こちらの意図が
相手にきちんと伝わる

以上の3点を基本としています。

本書は、著者が映画学校や初心者向け
セミナー、動画制作などで長年にわたっ
て培ってきたノウハウをスマホ動画に
置き換え、機材選びから、企画・構成、
撮影、編集、公開までを凝縮してまと
めた1冊です。初心者の方も見ただけで
分かるようにイラストや写真を多用し、
できる限りスモールステップで解説して
います。

昨今、スマホや周辺機器、動画を取り
巻く環境は大きく進化してきました。
とはいえ機器がどれだけ進化しようと、
撮影の基本は変わりません。
ずっと使えるテクニックや考え方、また
誰もが陥りやすい悩みや失敗の解決法
なども、多く紹介しています。

スマホで動画を作っていると、毎日のように新しい
発見があってワクワクします。
あなたも、今すぐ写真アプリを開いて、本書を片手
に動画を作っていきましょう。

オリカワ　シュウイチ

この本の流れ

最初から全部読んで動画を作ろう…は大変だと思いますので、
あなたがやってみたいことや知りたいことから読んで試してみてください。
どんな動画を作れるのかパラパラと眺めるだけでもアイデアが湧いてくるでしょう。
「目次」や巻末の「索引」も参考にしてください。

この本の特徴

初めて動画を作る人のための本

・専門用語の無い、分かりやすい表現で解説
・初めてでもトライできる内容を厳選して紹介
・イラストや写真を多用し、見てさっと分かる

初心者指導の専門家が執筆

・著者は初心者への動画制作指導歴20年超え
・初心者がつまずきやすいポイント、やりがちな考え方を踏まえて執筆
・慣れない撮影での不安解消テクニックなど「ひと」にフォーカスした内容

スマホ（主にiPhone）で動画を作ることに特化

・スマホ1台で完結する方法を解説
・企画から撮影、編集、公開までスマホによる制作工程を網羅
・必ず直面する「音の問題」もこの1冊で解決

ビジネスで使える動画を作ることがゴール

・ビジネスの現場で恥ずかしくない動画を作るのが本書のゴール
・実際に使えるアイデア、まねできる鉄板構成
・センスを求めない、具体的なテクニックや手順を紹介

できるかぎりお金をかけないことを主眼に

・工夫で乗り切れるアイデアを数多く採用
・機材は100円ショップで買えるものも多く紹介
・無料アプリでできる内容を掲載

分からないこと・知りたいことから検索できる

・目次・索引が充実し、知りたいこと・やりたいことに即アクセス可能
・真似して使える「動画レシピ33」掲載
・今後もずっと使える動画作成のノウハウが満載

手の届く高度なテクニック、マニアックな機材まで紹介

・シンプル・簡単な内容だけでなく、しっかり高度なテクニックまで紹介
・撮られることに慣れてない出演者をうまく撮るテクニックなど、かゆいところに手が届く
・スマホでここまでできるのか！という、レベルアップした機材やアプリも紹介

新機能にも言及

・iPhone13シリーズから搭載された「シネマティックモード」など新機能を解説
・人気の縦動画テクニックも紹介
・iMovie 新機能も網羅

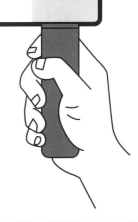

プロの技は初心者には難しかったり、
面白いテクニックも用途が限られたり。
これから動画を作ろうとする方に必要
なのは、ちょうどいい情報です。
いざ作ろうとしたときに困ることを熟知した初心者
指導歴20年の著者が、具体的で分かりやすい
「転ばぬ先の杖」を提供します。

作り方が一瞬で分かる！動画レシピ 33

講座1
超基本 iPhone の「カメラ」&「写真」だけで動画体験

講座2
撮影の基本から凝ったテクニックまで

講座 3
動画の企画と構成

講座4

動画編集 iMovie のすべて

講座5
プロも使っている編集の鉄板技

講座6
YouTube に動画を公開する方法

講座 7
作った動画を YouTube や SNS で活用するテクニック

講座 8
周辺機材＆アプリでレベルアップ

作り方が一瞬で分かる！

動画レシピ 33

動画は料理と同じ。「何を作ろうか」から始まります。
ここではビジネスに役立つ動画レシピを33例紹介します。
基本事例から応用編まで。
ページを開いて気になるレシピから、さあどうぞ。

 このマークがある機材は、100円ショップで購入できることもあります。

レシピ 01

目を引く動画は同じパターンの繰り返しで

SNSでの発信や動画のオープニングなどに使うと効果的です。

準備するもの

三脚＋スマホホルダー

主な用途

美味しそうな料理を置く／輝く指輪をそっと置く／重そうな部品をゴトッと置く／完成した工芸品を置く／飾り物を並べていく／飲食店のメニューを一気に伝える

セッティング

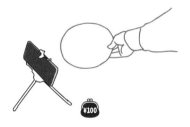

撮り方

ヒント

全く同じ動作でも料理を変えればイメージの異なる動画になる

SNSなどで決まった内容を繰り返し発信するのは印象に残りやすい。料理によってテーブルクロスを変えたり、季節感ある小物を置いたりすれば、より目を引く動画になる。

動画を見ている人に料理を届けるような感じで、スマホの前にお皿を置くようすを撮る。

講座2参照

レシピ
02 スローで撮ればユニークな映像になる

iPhone「カメラ」の［スロー］で撮ると、思わず見てしまう
映像になります。

準備するもの

ミニ三脚＋スマホホルダー
iPhone撮影：スロー

主な用途

工作機械の速い動きをゆっくり見せる／水回り製
品の噴出ノズルの威力の違いを見せる／ゴル
フのスイングをしっかり見せる／はたいた時の
ほこりの舞い方を見せる／中華鍋のチャーハンを
返すようすを見せる

セッティング

ヒント

スロー撮影だと人の動きも面白く撮れる

例えば通販動画などでスニーカーで歩く足元
をスローで撮影することで、素材の質感なども
印象的に伝えることができる。

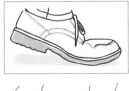

撮り方

iPhoneを設置して、カメラアプリの［スロー］
を選択し撮影する。
スロー撮影は最初と最後の3秒ほどは通常の
スピードで再生される。スローは撮影が
スタートしてから3秒ほど過ぎてからが本番
（スローモード）となる。

レシピ 03 比較すれば高さや長さを一瞬で伝えられる

大きさを一瞬で分かってもらいたい時は、高さや長さを認識できるものと比較して伝えます。ここでは高枝切りばさみの長さを大型ショベルカーと比較しました。

準備するもの

三脚＋スマホホルダー

主な用途

子ども用自転車に子どもにまたがってもらい撮る／設備機器の隣に人が立ってサイズ感を見せる／事務所内に観葉植物を置いてサイズ感を見せる／ヨガのマットに先生が座ってサイズ感を見せる

セッティング

撮り方

人の目の高さまでスマホを上げて三脚で固定して撮る。
下から見上げて撮ると、「映像で高く見せようとしている」という印象になってしまうので注意。

ヒント

高すぎるもの、大きすぎるものとは比較しない

街灯などあまり高すぎるものと比較すると、むしろ製品が低く見えてしまう。
製品と同じくらいの高さのものと比較するとよい。

講座2参照

レシピ 04
内ポケットから取り出しコンパクトさを伝える

小型の製品を内ポケットから取り出すなど、商品の特徴を映像で伝えられれば一目瞭然！ここでは小型ドローンを胸ポケットから出してコンパクトさを伝えました。

準備するもの

三脚＋スマホホルダー

主な用途

ミニボトルを女性用バッグから取り出す／アウトドアのマルチツールをズボンのポケットから取り出す／腰に下げていた折りたたみ三脚を広げる／狭い隙間に掃除器具が入っていくようすを見せる／特殊な機械を片手で運ぶようすを見せる

セッティング

撮り方

コンパクトさや小ささを表現する時は、そのサイズ感を比較するものが必要。この例ではジャケットの内ポケットからドローンを取り出すことで、人の体と比較し、それがいかに小型かを示している。

ヒント

商品PR動画は商品の映りの良さを最優先に

商品をPRする動画を撮る時は、商品ができる限り画面の中心に来るように撮る。
商品がしっかり明るく撮れていれば、人の顔は逆光や暗くなっても特に問題ない。

レシピ 05 手元の作業を自分視点で撮る

手元の作業などをアップで撮る方法です。見る人にとっては、
自分が作業しているかのような臨場感たっぷりの動画になります。

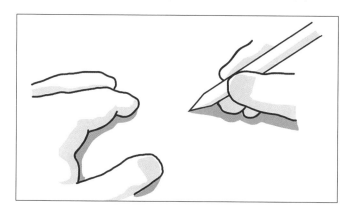

セッティング

準備するもの

ミニ三脚＋スマホホルダー

主な用途

ネイリストがネイルするようす／ペン習字の先生が手本を書く／イラストの描き方／細かい部品の掃除の仕方／陶芸のようす／刺繍の仕方／裁縫教室でのオンライン授業

撮り方

スマホ画面を見ながら手元の作業を撮影する。手元の作業などを分かりやすく伝える時に便利な撮り方。スマホを体で包み込むように撮影するため、手が暗くならないように、窓のそばで撮る、照明を使用するなどして明るさを調整する。

ヒント

スマホの微妙な角度を調整する時に使えるアイデア

ミニ三脚の脚の
角度を変える

ドアストッパーや
本を使う

自由雲台を使う
自由自在に角度を
変えられる

養生テープを使う
スマホの重さで
安定しない時は
養生テープで固定

講座２参照

レシピ 06 超どアップで印象的に撮る

カメラ位置の工夫で迫力あるアップ映像を撮ることができます。

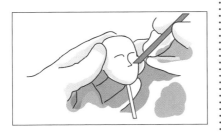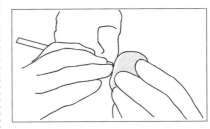

セッティング	セッティング

撮り方	撮り方

作業場で人形の顔を描いている人形師の指先など、徹底的に寄って撮ることで迫力のある映像が撮影できる。

下から見上げるようにスマホを置くと、職人の表情を含めた映像も撮れる。「カメラ」を自分撮りモードにすれば、自身で撮影できる。

準備するもの	主な用途

三脚＋スマホホルダー

職人の手作業／編み物を編む手元／ガラスの磨き方／細かいパーツの組み立て方／手でくしゃと丸めて素材の音を聴かせる

ヒント

どアップ撮影の注意点

近寄っても危なくない状況での撮影に限られる。例えば、溶接のようすなどの撮影には向かない。焦点が合いやすい、動きが少ない撮影に限られる。カメラが近づきすぎると焦点が合わない可能性がある。また、動きが速すぎると何が映っているのかが伝わりにくい可能性もある。

レシピ 07 対面しているかのように手元を撮る

イラストレーターがイラストを描くようすを伝える、アクセサリーを作るようすを見せながら販売するなど、対面で見ているかのように手元を伝えられる撮り方です。

準備するもの

三脚＋スマホホルダー

主な用途

工場などでお弁当を丁寧に詰めているようす／道具を手入れするようす／食事のマナーの手本／贈答品を包装するようす／生け花を生けるようす／料理をしているようすや手順

セッティング

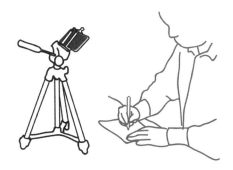

撮り方

「カメラ」は自分撮りモードにする。画面を見ながら撮影範囲を確かめ、両手を含めた机の上全体を撮る。

ヒント

撮影範囲が広い時に便利な撮り方

広い範囲が映るため、画面の中に必要でないもの（ごみなど）が映り込まないように周囲をかたづけてから撮影する。

講座2参照

レシピ 08 長時間作業を一気に伝える[タイムラプス]撮影

iPhone「カメラ」の[タイムラプス]撮影で、長時間にわたる作業などのようすを一気に伝えられます。

準備するもの

三脚＋スマホホルダー
iPhone撮影：タイムラプス

セッティング

関係のない人が映り込まない位置を探してスマホを設置

①カメラアプリを立ち上げ、[タイムラプス]を選択

②赤い録画ボタンを押すと撮影が始まるので、作業が終了するまで撮影を続ける

主な用途

家具の組み立ての手順を一気に見せる／建築現場の足場が組み上がるようす／イベント会場全体の設営／植物の生長を観察する

撮り方

[タイムラプス]撮影とは、一定時間おきに静止画を撮影し、それらの静止画がつながることで動きが飛び飛びの動画になるというもの。一度録画を開始した後は放置しておくだけでOK。早回し動画が撮れる。静止画の連続のため音は記録されない。

ヒント

長時間、放置したままで撮影するのでスマホを倒されないように注意

ずっとスマホを置いたままの撮影になるため、誤って倒されたりしないように注意する。「撮影中」の札を三脚から下げておくとよい。普通に長時間撮影し、編集アプリiMovieで早回し編集をしても似たような効果が得られるが、iPhoneで長時間撮りっぱなしにすることは、容量やバッテリーの点からおすすめできない。

レシピ 09

ピントずらし撮影で印象的な動画に

手前のものと背景が離れている時、背景から手前にピントが移動すると、手前のものに注目を集めることができます。

準備するもの

三脚＋スマホホルダー

主な用途

カウンターにズラリ並んだボトルの奥から手前にピントが動く／広い工場の敷地から手前の看板にピントを動かす

セッティング

背後の人々と手前のワインの両方が映る場所で、手前のワインのすぐ前にスマホを設置。

背後の人々は遠いほど映像のボケが強くなりかっこうよくなる。

ヒント

画面タップでスマホが動かないように三脚を固定

録画中に画面をタップするため、スマホが揺れないよう気をつけてそっと触れる。心配な場合は、養生テープでミニ三脚の脚を固定しておく。

撮り方

①ワインボトルの背後に楽しそうに談笑しながらワインを飲む人々がいる。スマホの画面上で背後の人々をタップするとそちらにピントが合う。録画を開始し数秒間、背後の人々を撮影

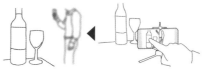

②次に、画面で手前のワインをタップすると、ピントがワインに移動する。手前にピントが合うと、ワインの銘柄が分かる、というビデオが撮れた

講座2参照

レシピ

10 逆光を使えば人々をかっこうよく撮れる

逆光をうまく使って映画のワンシーンのような撮影にチャレンジ
してみましょう。

準備するもの

三脚＋スマホホルダー

主な用途

室内から、窓の外を見る社員たちを逆光で撮る／
夕暮れ、設備点検をする社員たちを逆光で撮る／
早朝、トラックやショベルカーなどが並ぶようす
を逆光で撮る／工場のシャッターを開けるようす
を内部から逆光で撮る

セッティング

明るい窓

撮り方

オフィスなら、日中、明るい窓を背景にすると
逆光が撮りやすい。企業のPR動画の中の印象
的なカットとして使える。

ヒント

自然光での撮影はタイミングが重要

自然の光を使った撮影のため、タイミングが
重要。晴れた日の太陽が明るい時間帯に合わ
せて撮る。

11 ワンカット撮影だから軽さが伝わる

ビデオ録画を一度も止めずに撮るワンカット撮影で、
「タネも仕掛けもありません」ということを伝えられます。

準備するもの

三脚＋スマホホルダー

セッティング

一連の動作が全て入る位置にスマホをセット。

ヒント

リハーサルを入念に

ワンカットで撮るため、動作が滞らないように
撮影前に段取りを確認する。撮りたいものが画
面からはみ出さないよう、撮影前に一度、一連
の動作をしてみてカメラの位置を確かめる。

「頭が画面から
切れてしまった」
失敗！

主な用途

はかりの上にメガネを乗せ、軽さを見せる／
子どもにおもちゃラケットを握らせ、軽さを見
せる／革靴を履いたスーツ姿の男性がジャンプ
して、靴の軽さを見せる／重い建設資材も、特殊
器具で軽々運べるようすを見せる

撮り方

以下の動作をワンカットで撮影する。

①自転車に乗っ
て登場する

②画面真ん中で
一旦停止する

③自転車を軽々
と担いで歩き去る
（画面から消える）

レシピ 12 ワンカット撮影だから頑丈さが伝わる

ワンカット撮影を活用すれば、一連の動作を通して、商品の使い方、使い勝手、頑丈さを一気に伝えることができます。

準備するもの

三脚＋スマホホルダー

セッティング

一連の動作が全て入る位置にスマホをセット。

ヒント

無駄な動きを省きシンプルに伝える

伝えたいことをストレートに分かってもらうために、この例では、ペットボトルを何本も取り出すなどの無駄な動きを入れない。1本で十分。逆に大容量であることを紹介したい動画なら、次から次へと、たくさんのドリンクを取り出すなどにはアリ。

主な用途

強化ガラスを施したタブレット端末のガラスをハンマーで叩き、頑丈さを強調／洗浄液をつけて拭いてきれいに汚れが取れるまでをワンカット撮影し、性能を強調／猫が一気にペットフードを平らげるようすをワンカット撮影し、反応を強調

撮り方

以下の動作をワンカットで撮影する。

①クーラーボックスを見せる（外観を見せる）

②中からドリンクを取り出す（使い方を示す）

③クーラーボックスを閉じる（開閉のスムーズさを伝える）

④クーラーボックスに腰掛ける（丈夫さを伝える）

レシピ
13 インタビュー背景に製品を入れて撮影

タクシー会社のドライバー募集の動画などは、インタビューの
背景にタクシーを入れて撮影すると伝わりやすい。

準備するもの

三脚＋スマホホルダー・ピンマイク

セッティング

ドライバーの背景にタクシーが映り込む位置に
カメラをセットする。

撮り方

インタビューの声もきちんと撮れるように
ピンマイクを使う。

主な用途

工事現場と作業員／建築現場と設計士／学校の
教室と先生／会社のオフィスと社員／英会話
スクールの教室と外国人の先生

ヒント

その人の職業が一目で分かる服装で撮影

制服やヘルメットなど、見てすぐ分かる要素も
入れると動画が伝わりやすくなる。複数の人を
続けてインタビューする場合は、同じ場所に
立ってもらい、ピンマイクを取り替えるだけに
すると、効率的に進められる。

その他の組み合わせ例

漁師さんへのインタビューで背景に船を入れて
撮る。

講座2参照

レシピ 14 好印象な自己紹介動画15の撮影ポイント

カメラというのは、撮り方によって映る人の印象を操作します。そのため、撮影のことを考えた話し方・表情を意識する必要があります。

15のポイントと、その理由をまとめました。

1 撮影場所は明るい屋内で

撮影する場所の明るさや雰囲気は、顔の印象に影響してしまうので、次の方法で撮影しよう。

顔に（できる限り）前方から光が当たる場所を探す。晴れた日中に、窓の近くが理想。蛍光灯の真下に立つのはやめよう。顔の下半分にシルエットができてしまう。	静かな屋内で撮影する。屋外の方が明るいから撮影に向いている、と思うかも知れないが、光が強すぎて顔に影が出たり、余計な音が入ったりするので屋内で撮影しよう。	背景は無地の白い壁がベスト。背後に、台所や衣装掛け、本棚などが映っていると、そちらに目が行ってしまうので避けよう。

2 スマホは横向き自分撮りで。「カメラ」は初期設定のままが無難

ビジネスの場合、相手はパソコンで動画を視聴することが多いため、スマホは横向きにして撮る方が無難。「カメラ」の初期設定は変更しない方がよい。ただし、［グリッド］（画面を9分する線）を表示させておくと水平が確認しやすくなる。

▶「設定」ー「カメラ」ー［グリッド］ON

スマホは横向きで撮る。画面にグリッドを表示させると水平が確認しやすくなる

3 三脚を使う

必ず三脚を使おう。高さが足りない時は、三脚を机の上に置いて撮影する。

三脚を使って撮影しよう

> ### 主な用途
>
> 動画での自己紹介全般／社長メッセージ／先輩社員へのインタビュー／エンジニアへのインタビュー／お客様の声

4 スマホの高さはアイレベルで

話す時は、カメラを目の高さ（アイレベル）に設置するのが一番無難。
映像は、アングルによって印象が変わる。

カメラはアイレベル
に設置

カメラ位置が低いと
相手を見下ろしてしまい
尊大な感じに

カメラ位置が高いと
相手を見上げて
弱々しい感じに

5 スマホとの距離感は？

カメラとの距離感は、相手との間合い。
初対面の相手にとって、あまり近すぎるのも、遠すぎるのもよくない。
上半身が映るくらいがいい。
話すようすと身振りを踏まえた雰囲気も伝えることができる。

上半身が映るくらいが
ちょうどいい

初対面の相手にとって、
近すぎるの遠すぎるのもよくない

6 姿勢良く話そう。できれば立って

一般的に立って話す方が背筋も伸び、印象が良くなる。椅子に座って撮る時は
特に姿勢に注意。
あごを引き、視線をキョロキョロさせないように話そう。

猫背になっている

姿勢良く話そう

7 1人で撮影する場合はリモコンシャッターが役立つ

1人で撮影する場合、スマホに手が届かないので録画ボタンを押すことができない。その場合、撮影前に録画をタップして撮影場所に戻り、撮影が終わってからまた移動して録画を止めるという一連の動きまで映ってしまう。1人で撮影しなければならない場合は、次のような回避方法がある。

1. 編集アプリで冒頭と最後の不要な部分をカットしてから動画をアップロードする

2. スマホ用のリモコンシャッターを使って撮影し、そのままアップロードする

編集で、録画ボタンを操作する動画はカットする

リモコンシャッターを使えば編集せずにすむ。スマホ用は、100円ショップでも購入できる

8 録音に注意！！！

スマホから離れるほど、録音の声が小さくなり、相手は動画を見る気をなくしてしまう。ピンマイクを使えば解決するが、無い場合は次の3点を意識しよう。

①静かな場所で撮る
エアコンやストーブは消す。強い雨や近くでの工事も撮影向きではない

②声を大きく出す
大きな声で聞き取りやすい話し方をする

③スマホに向かって話す
決して下を向いて話さない。スマホに向かってまっすぐ、しっかり大きな声で話す

 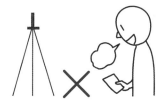

聞き取りやすい話し方を心掛けよう

下を向いて話すと、録音の声が聞き取りにくくなってしまう

9 相手からどう見えているかを意識しよう

自己紹介動画は、モニターに映っているあなたがすべて。
対面では雰囲気全体が相手に伝わるが、動画では、モニターに映っているあなたが全てということを意識しよう。
「かっこうよく見せる」「美しく見せる」のが目的のすべてではなく、動画を見る人に、「雰囲気がいいな」と感じてもらうのが重要。雰囲気づくりを大事に表情にこだわろう。
撮る前に、相手に伝えたい気持ちをイメージしてから始めるとよい。

10 自分の話し方や表情の癖を把握して修正しよう

人はそれぞれ話し方や表情に特徴があるので、きちんと把握しておこう。
表情・話し方は練習で修正が可能。就活や営業では、「一緒に仕事をしたいな」と感じてもらうのが第一。そんな「表情」を意識して、話し方の練習をしておこう。

 話し方や表情を確認し、練習で修正しよう

目が泳いでいないか、目力が強すぎないか、何度も瞬きをしてしまわないか、口角が下がっていないか、笑う時に片頬だけ動かしていないか、などを確認して修正しておこう。

11 目線を固定して話す練習をしよう

目線がキョロキョロと動くと、落ち着かない動画になってしまう。
伏し目がちにならずに話すのは意外と難しいもの。練習で慣れていこう。

12 聞き取りやすい話し方を心掛けよう

良い話し方とは、「相手が聞きやすい」話し方。早口は厳禁。
ついやってしまうのが、「覚えていることを忘れないうちに吐き出すように話す」こと。これが一番ダメ。必ず早口になってしまう。言葉を区切りながらゆっくりと話す。全部をゆっくりにするのではなく、緩急をつけて話すとよい。

 練習例

私が学生時代に行ってきたことは、（普通に話す）
郷土の歴史資料をまとめたこと、（ゆっくりはっきり話す）
アルバイトでタウン誌の編集を行ったこと、（ゆっくりはっきり話す）
これらを動画にまとめて配信したこと、（ゆっくりはっきり話す）
です。それぞれ説明させていただきます。まず、（普通に話す）
郷土の歴史資料については…（ゆっくりはっきり話す）

※青文字の所：普通に話す　赤文字の所：ゆっくりはっきり話すよう意識する

13 自分の声の特徴を把握して修正しておこう

落ち着いて話す時の声の高さを把握しておき、気になる点は修正しておこう。
自分が発音しにくい言葉を避けるなどの練習もしておくと落ち着いて撮影に
臨める。

 声の特徴を確認し、練習で修正しよう

・キンキン声 ⇒ 下げる努力をする
・くぐもっている ⇒ ゆっくりはっきり話すように気をつける
・舌がうまく回らない ⇒ ゆっくりはっきり話すように気をつける

14 簡単な動画編集はできるようになっておこう

自己紹介動画ですべき編集とは、「動画の余計な部分を削って見やすくする」
こと。カット編集を軽くマスターしておくだけで十分。

次のような動画の余計な部分は編集で削って見やすくする

・録画ボタンを押しに行くという動作をカットする
・あー、とか、うー、など余計な部分を削って見やすくする
・最後、頭を下げて顔を上げて。いいところで止めてうしろはカット。

15 動画制作は見る人への思いやり

見る人が見やすいようにがんばるのが撮影であり編集作業。
試しで撮ってみて、どう見えるか、どう聞こえるかを確かめ、本番に入る前
に、練習で修正できるところは修正していくことが重要。
相手のことを考えて丁寧に撮影することは、「丁寧に字を書く」のと同じ。
しっかりと努力して、相手への思いやりを持って撮影すれば、大きく差が
ついていく。

レシピ 15

4コマで伝えるミニドラマの構成事例

スマホだけでちょっとしたドラマを作ることもできます。
ここでは4つのカットで作る「ミニドラマ」を紹介します。
まずは、絵コンテの制作例でイメージをふくらませてください。

（アイデア協力：シナリオライター 名良之繭子）

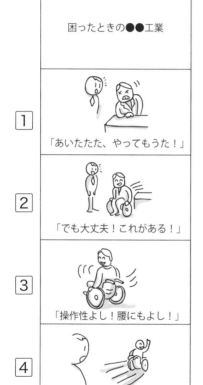

車いすの宣伝

困ったときの●●工業

1 「あいたたた、やってもうた！」

2 「でも大丈夫！これがある！」

3 「操作性よし！腰にもよし！」

4 「今日は試乗日和！」

突然のぎっくり腰にも
□□車イス
●●工業

工場の求人募集

働くお母さんのために

1 「お子さんの卒業式なの！？」

2 「じゃあ明日は休んでね！」

3 「子供のイベントは今だけよ！」

4 「ありがとうございます！」

未経験者歓迎
働くお母さんを応援します
0120-xxxx-xxxx

講座3参照

（ 4コマで伝える ） ミニドラマの基本フォーマット

1	「困ったなあ」	場所と人物の紹介
2	「どうしたんですか？」「実は・・・」	状況の説明
3	「だったらこれを使うといいですよ」	製品（解決策）の提示
4	「やったー！」	主人公がハッピーになる

新製品のPR

スマホ三大被害にも対応

1 よくある被害 その1

2 よくある被害 その2

3 これは二次被害

4 これくらいじゃビクともしない！

□□モデル
スマートフォン
○月新発売

介護NPOの紹介

一人で悩んでいませんか？

1

2 「どうぞ！」「あ・・・」

3 「介護されてるんですよね？」

4 「一緒に話しませんか？」

介護者同士のカフェ会
○月○日（日）開催
090-xxxx-xxxx

4コマで伝えるミニドラマ 企画〜編集まで

ミニドラマは社内の人間が登場することで、共感を呼んだり
関心を抱いたりしてもらえる映像が作れます。
シリーズ化するとアクセスも増える可能性大です。

準備するもの

三脚＋スマホホルダー
ピンマイク（外付けマイク）

---

1 企画

- 「4コマで伝えるミニドラマの基本フォーマット」(レシピ15) に沿ってストーリーを考える
- シナリオを書こう！と考えると、絶対に長くなるので避ける
- セリフは徹底的に削り、それぞれ1行で書けるようなシンプルなものにする

4コマで伝える ミニドラマの基本フォーマット

1	「困ったなあ」	場所と人物の紹介
2	「どうしたんですか?」「実は・・・」	状況の説明
3	「だったらこれを使うといいですよ」	製品（解決策）の提示
4	「やったー!」	主人公がハッピーになる

---

2 準備

①4コマそれぞれどう撮るかを考える

- 「登場人物は1コマに1人か2人が基本
全身を入れると「何をしている状況なのか」という説明するカットになり
（A）、上半身だけや顔だけにすると「どう思っているか」という感情を
伝えるカットになる（B）

（A）全身を入れると説明するカットに　　（B）顔だけだと感情を伝えるカットに

②「見てすぐ分かるか?」を意識する

● 制服を着る、大きな工作機械の隣に立つ等、職業などがすぐ分かるような
状況を用意する
● 製品紹介の時、数が多いと見る人の視点が定まらなくなる。見せたいものに
絞り込んで撮る

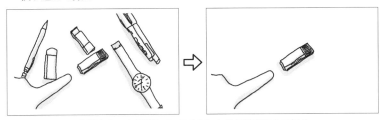

余計なものを排除して、見せたいものに絞り込んで撮る

③出演者を決める

● 営業マンや接客担当など、実際にお客さんと接する機会のある人は、「動画
見ましたよー」などと相手の会話のネタになるのでおすすめ
● 登場人物の設定は、見てすぐ分かるよう工夫する。例えば、上司と部下は、
性別や年代を分けると伝わりやすい。細かい設定がある場合は、大きな名札
をつけてもよい

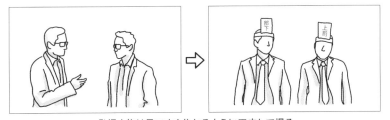

登場人物は見てすぐ分かるように工夫して撮る

④撮影場所を決める

● 撮影周辺を大片づけしなければならないような場合は、撮る範囲を狭める
と撮影が楽になる。例えば事務所を撮影する時も、全体を撮るのではなく特
定の机のみ撮るようにする

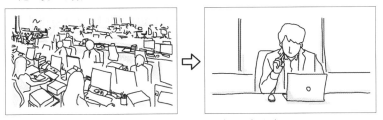

撮る範囲を狭めることで撮影がシンプルになる

3 撮影

① 音の撮り方の基本

- ● ピンマイクが必要。「できるだけ静かな環境」で、出演者の口に「できるだけ近づけて」撮る
- ● ピンマイクは、養生テープで出演者の近くに貼りつけたり、指し棒の先などにつけて出演者に近づけて使う。この方法は決して褒められたものではないが、新たに録音機材を買うよりも、この方法で十分きれいに録音できる
- ● 撮られることに慣れてない人は、どうしてもボソボソと早口になってしまう。そのため、「大きめの声で」「ゆっくりと」「句読点ではっきり区切りながら」話してもらうようにする。特に大事なところは、「ゆっくり、はっきり」と話してもらおう

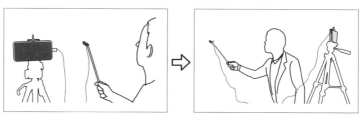

ピンマイクを指し棒の先などにつけて、出演者の口にできるだけ近づけて撮る

② 会議などでの音の撮り方

- ● 出演者がたくさんいて同時に話すような場合は、できるだけアップの映像にするとマイクが近づけやすくなる。アップで撮れない場合は、複数いる出演者全員に近い場所にピンマイクを向けるように撮影する

アップの映像にすればマイクが近づけやすくなる

③騒音が大きい時の撮り方

● どうしても騒音が大きいカットはセリフを入れない。
出演者が会話するカットは、静かな場所で撮る

騒音が大きいカットではセリフを入れない　　静かな場所でセリフを撮り直す

④テロップの場所を考えて撮る

● 画面下部に、黒文字テロップが入ることを想定して撮影する。
例えば、画面下部にゴチャゴチャしたものを置かない、文字がかぶらないようにするなど

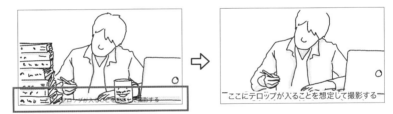

テロップが入ることを想定して下部をあけて撮影する

ヒント

撮影前に「よーいスタート！」は緊張のもと

「よーいスタート！」とか「3、2、1、キュー！」など、映画やテレビでよく見かけるシーン。撮影側は、ついつい、まねてみたくなるもの。ところが、この掛け声で撮られる側は緊張してしまう。
さりげなく録画ボタンを押しておいて、「いつでもいいよー」という雰囲気を作るのがオススメ。

4 編集 (テロップ、オーディオ)、完成

- 構成は、「タイトル」-「コマ1」-「コマ2」-「コマ3」-「コマ4」-「誘導先」(宣伝) の順で編集する。最後の「誘導先」には、キャッチコピーか会社名、ロゴ、URL、電話番号などを入れ、見た人にやってほしいこと、知ってほしいことを明記する
- 動画の音声を消したまま視聴する人も多いため、セリフには全てテロップを入れよう。しかし、テロップが長いと見づらいので、iMovieで編集する場合は、ビデオクリップをセリフごとに分割してテロップを入れていく
- 企画する段階でセリフを短くしておく工夫も大事

ビデオクリップをセリフごとに分割して、短いテロップを入れる

- ミニドラマは、オーディオをつけるとさらに盛り上がる。「フリー音楽」は著作権に注意し、利用規約を確認しよう。また、音を入れるとセリフが聞き取れなくなるリスクもあるので音量を抑えめに流す、タイトルやエンディングだけに入れる、といった使い方がよい

ヒント

4コマドラマの演技に上手さは必要ない

4コマドラマは思いっきり真面目にやりきれば成功。出演者が恥ずかしそうにしない環境を作るのが初心者のための演出方法。監督 (カメラマン) は、そこに注意しよう。例えば、演技をからかう人を現場から追い出す、撮影に参加する人を限定する、エキストラとして全員出演してもらい恥ずかしさを全員で共有する、といった方法がある。

メイキングも使える

ドラマとは別に、ホームページ内限定でメイキング映像も流すのも面白い。撮影のようすも撮っておこう。

講座5参照

レシピ 17 ジャンプカット編集でテンポよく伝える

テントの組み立てなど各工程をしっかりと見せたい、しかし全工程をつなぐと長い動画になってしまう。そんな時は、ところどころをカットしてテンポよく見せる方法「ジャンプカット」が有効です。
編集アプリでカットしていきます。

準備するもの

三脚＋スマホホルダー

主な用途

部屋の片付けの様子／大型トラックの洗浄／庭の芝刈り／本棚の組み立て／レシピに沿った調理の仕方／会社で一日の仕事の内容を一気に伝える

セッティング

工程ごとに、撮影の仕方が異なる。テントの組み立ては地面に広げたところも撮るため、やや上の方から、見下ろす撮影が良い。

撮り方

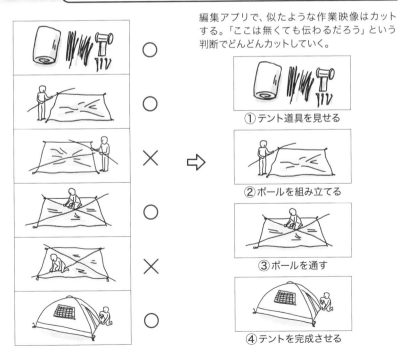

編集アプリで、似たような作業映像はカットする。「ここは無くても伝わるだろう」という判断でどんどんカットしていく。

① テント道具を見せる

② ポールを組み立てる

③ ポールを通す

④ テントを完成させる

レシピ

18 画面に別の動画を挿入して見せる（編集）

iMovieの［ピクチャ・イン・ピクチャ］で編集すると、料理動画の画面内に、材料など、別の動画を挿入し分かりやすく伝えることができます。

準備するもの

三脚＋スマホホルダー

主な用途

子ども向け工作教室（作るようす＋文房具）／プラモデルを作るようす（作るようす＋器具）／自動車の修理工場の作業風景（作業のようす＋工具）／写真教室（景色＋使用レンズ）／家庭科の調理実習のオンライン学習

セッティング

「料理動画は真上から撮影しなければならない」という思いこみを捨てよう。斜めから見下ろす撮影が一番無難。スマホの影が映り込まないように注意。

ヒント

真上からの撮影もアイデア次第

真上からの撮影はミニ三脚では高さが足りず、俯瞰（ふかん）撮影専用の三脚など大きな三脚を使うことになるが、邪魔になることもある。

1つのアイデアとして、水を入れた2リットルのペットボトルにくねくね三脚をくくりつけたり、養生テープで固定するなどして撮ることもできる。

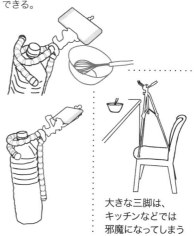

大きな三脚は、キッチンなどでは邪魔になってしまう

46

撮り方

[1] メインの動画を撮る

①ボウルに玉子を入れてかき混ぜる
(ここに編集で玉子の映像を挿入)

②牛乳を加える。
(ここに編集で牛乳パック映像を挿入)

③パンを牛乳に浸す
(ここで編集でカットパンの映像挿入)

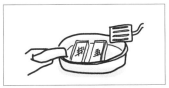

④フライパンで焼く
(編集でフライ返しの映像を挿入)

[2] サブの動画を撮る(写真でもOK)

①玉子の映像を撮る
(編集で挿入)

②牛乳パックの映像を撮る
(編集で挿入)

③カットしたパンの映像を撮る
(編集で挿入)

④フライ返しの映像を撮る
(編集で挿入)

⑤ [1] [2] をiMovieの
[ピクチャ・イン・ピクチャ] で編集する

レシピ

19

説明動画は引きと寄りを並べて（編集）

iMovieの［スプリットスクリーン］で編集すると、例えば組立作業の「引き」の映像と「寄り」の映像を同時に見せて分かりやすく伝えることができます。

準備するもの

三脚＋スマホホルダー

セッティング

手元が暗くならないように明るい場所で作業するか、電気スタンドなどで光を当てる。

主な用途

操作のようす（全身＋手元）／点検のようす（指差し確認しながら歩く姿＋表情）／コピー機の処理スピード（操作するようす＋刷り上がる印刷物）／繁盛店のようす（お客さんが入っていく入り口全景＋食べている人々）

撮り方

① 使う工具を並べて撮影
作業に必要な工具を最初に全て見せる

② 脚立を使って棚の上に登り作業をするようすを「引き」で撮る

③ ②の作業の手元のアップを「寄り」で撮る

④ iMovieの［スプリットスクリーン］で②と③の動画を同時表示させる

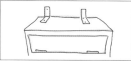

⑤ 作業完了状態を撮る

講座4参照

レシピ **20** 作業とインタビューを別撮り合成 (編集)

タクシー会社のドライバー募集動画などで、背景にタクシーを入れてインタビューしたいが現場が騒がしい時は、両者を別撮りし、iMovieの［スプリットスクリーン］で編集し組み合わせます。

準備するもの

三脚＋スマホホルダー
ピンマイク

セッティング

ヒント

重ねたビデオの騒音は編集で消音

重ねた背景用ビデオ（撮り方②）の音は、編集で消音できるので騒がしくても構わない。背景用ビデオの「作業しているようす」には、本人を登場させるとより効果的に伝わる。

その他の組み合わせ例

整備士へのインタビューと熱心に点検しているようすを組み合わせる。

主な用途

工事現場と作業員／建築現場と設計士／学校の教室と先生／会社のオフィスと社員／英会話スクールの教室と外国人の先生

撮り方

① 静かな場所で、ドライバーへのインタビュー撮影

② 車を大事に作業するようすを撮影

③ ①②をiMovieの［スプリットスクリーン］で編集し組み合わせる

レシピ 21

2つの違いを比較して伝える（編集）

iMovieの［スプリットスクリーン］で編集すると、同じ画面でAとBを並べて伝えることができます。
ここではA洗剤とB洗剤の溶けやすさを比較してみました。

準備するもの

三脚＋スマホホルダー

セッティング

ビーカーの中身がよく見えるように、ビーカーと同じ高さにスマホを設置して撮影する。

主な用途

スポンジの吸水力を比較する／新旧の製品で、組み立てにかかる時間を比較／人通りを朝と夜で比較／理科実験授業

ヒント

後の編集で比較しやすいようにする撮影ポイント

画面の真ん中にビーカーが来るように撮ると、後で編集した際、きれいに真ん中に配置される。また、［A］［B］2つのビデオは、撮影時から同じ大きさで撮影しておくと後の編集が楽になる。

撮り方

① A商品（自社製品）を撮影する。自社製品と分かるように名札をつける

② 同じ条件で、B商品（他社製品）を撮影する

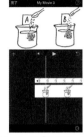

③ iMovieの［スプリットスクリーン］で編集し、［A］［B］を画面の左右に分割表示する

講座4参照

レシピ 22 画面収録でiPhoneの操作動画を作る

iPhoneには操作画面を動画でキャプチャーできる［画面収録］という機能があり、アプリの操作マニュアルなどを作る時にとても便利です。画面の映像だけでは面白みに欠けますので、操作している人も撮り、2つのビデオを画面の左右に分割表示した動画を作ります。

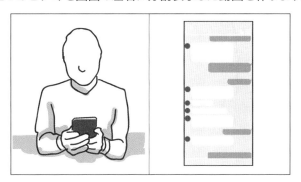

準備するもの

三脚＋スマホホルダー

主な用途

スマホアプリを使った、アンケートなどのキャンペーン告知／モールで使えるスマホアプリの紹介／ユーチューバー風のゲーム実況／スマホアプリによるビジネスコミュニケーションのようす

セッティング

　⋮　

撮り方

① ②

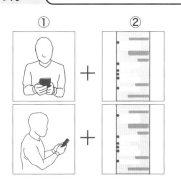

①iPhoneを操作している人を撮影する

②iPhoneの操作画面を動画でキャプチャーする(画面収録)

③①と②のビデオをiMovieの［スプリットスクリーン］で1つの動画に編集する

時間経過を伝える便利なアナログ時計

アナログ時計はいろいろなことに使える便利な道具です。

準備するもの

ミニ三脚＋スマホホルダー
アナログ時計

セッティング

主な用途

速乾性タオルを水に浸した後、乾くまでの時間を見せる／栄養剤を使うことで、植物の花が長時間咲き続けているようす（タイムラプス）／お店の前の行列が何時からできるか（タイムラプス）

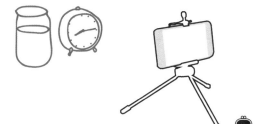

¥100

撮り方

ビーカー内の洗剤が水に溶ける速さなどを伝える際に、ビーカーの隣にアナログ時計を置いて撮ると時間経過が一目瞭然。アナログ時計はいろいろな場面で活躍する。

ヒント

長時間の経過は[タイムラプス]がオススメ

長時間の経過なら、[タイムラプス] 撮影 (レシピ 8参照) とセットで使うとアナログ時計の針が早回しで動くので、時間経過がよく伝わる。

レシピ
24

どアップでゆっくり動かす動画は回転台で

100円ショップで購入できる回転テーブルはとっても便利な道具。スマホの超どアップ撮影と組み合わせてプロっぽい映像を撮ることができます。

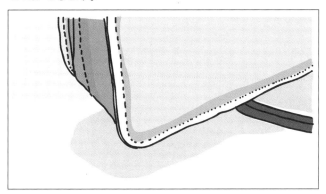

準備するもの

ミニ三脚＋スマホホルダー
回転台

セッティング

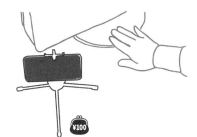

主な用途

縫い目の丁寧さを伝える／製品の表面の美しさを伝える／印刷物の色あざやかさを伝える／細かい模様をしっかり伝える／機械部品をかっこうよく印象的に伝える／陶芸品の細部を見せてアピールする／美術のオンライン授業

「回転テーブル」や「テレビ台」として
100円ショップにも売っている
（サイズによって価格が異なる）

撮り方

かばんを回転台に乗せて、ゆっくり回転させながら撮影する。プロっぽい映像になる。

何をアップで撮るかを決め（ここでは革製品バッグの縫い目）、その部分にカメラをできる限り近づけて超どアップで撮る。

ヒント

回転テーブルの見せ方にも工夫を

回転テーブルがむき出しになっているのが気になる場合は、上にプラスチック板を置く、布を敷くなどして見せ方を工夫する。
回転時の雑音が気になる場合は、iMovie編集でオーディオを下げる（講座4参照）。

レシピ 25

三脚を置けない場所で撮影する補助器具

不安定な足場など、三脚を置けない場所での撮影というものもあります。
三脚を立てるのが難しい場合は、首掛け式の器具を使えば、スマホを首から下げて撮影できます。

準備するもの

首掛け式器具
（首掛けスマホスタンド）

主な用途

子ども目線で遊具で遊ぶようす／調理人目線でフライパンを振るようす／職人目線で屋根の上の外壁塗装のようす／トリマー目線で動物の世話のようす／機械の操作パネルを操作するようす／トラクターの運転／高層ビルでの作業

セッティング

撮り方

ペンダントのように首から下げるタイプは、体に密着するため映像が比較的安定している。
ただ、画面が見えないので自分で作業中の映像確認ができないのが難点。

手を使わずにYouTubeなどを視聴できる器具も、撮影に転用することができる。撮影中の画面を確認することができるものの、少しでも体を動かすと、スマホが揺れてしまう。そのため、大きな動きを伴う撮影には向いていない。

ヒント

あくまでも、いざという時の器具。メインには向かない

ここで紹介した器具はいざという時には使えるが、揺れたり撮影中の映像確認ができなかったりと、メインの撮影には向かない。こうして撮った動画の中に1つか2つ使えるものがあるかもしれないという程度の気持ちで臨もう。なお、同様のタイプの器具は100円ショップでも購入できる。

講座1参照

レシピ 26 料理や店舗案内に便利なメッセージボード

お店や会社、街などを紹介する動画ではメッセージボードが
大活躍します。

準備するもの

三脚＋スマホホルダー
小型ホワイトボード＆ペン

主な用途

街の人へのアンケートを書いてもらう／採用
動画で、社員に会社のいいところを書いて
もらう／無口な店主に、こだわりを書いても
らう／保育士さんに、なぜ保育士になったか
を書いてもらう

セッティング

  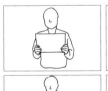

撮り方

小型のホワイトボードに「好きな言葉」とか
「将来の夢」などを書いてもらい撮影する。
できるだけ多くの人に登場してもらえば、動画
の充実度も上がる。音声は必要ないため気軽
に撮影できる。

ヒント

服装でもアピール

ボードの持ち方も人によって違うので、上半身を
撮るだけで、その人の雰囲気が伝わる。職種が
一目で分かる服装でアピールするのもおすすめ。

講座8参照

横移動撮影も安価に楽々！手作りドリーで

ドリーとは移動撮影する台車のこと。映画のメイキングなどでカメラマンが台車に乗って横移動しながら撮影しているシーンを見たことがある人も多いのではないでしょうか。スマホ撮影なら身近な代用品で手軽にドリー撮影ができます。

手作りドリーで面白い撮影にチャレンジしてみましょう。

← スマホで撮影しながら横移動させる ▭

準備するもの

（ミニ）三脚＋スマホホルダー
手作りのドリーセット

セッティング

ミニ三脚にスマホを固定し、書籍のような平たいものに乗せる。木の角材などに沿わせて移動させながら撮影する

ヒント

ドリーを使った移動撮影もアイデア次第

小さい製品を撮るなら手作りドリーでも十分。
移動していることを強調するために商品の手前に小さな花瓶などを置いて撮ると、プロっぽくなる。

主な用途

オフィスにて：観葉植物から働く社員たちへ移動撮影／バーにて：並んだワインのラベルを順番に見せる／レストランにて：机の上のグラスから店内のようす／机の上に広げたパンフレット類を、やや見下ろすように移動撮影／雑貨店にて：並べられたグッズ類を移動撮影

撮り方

① 横に並んだ部品や商品を撮る

② スマホを乗せた台を、長い木の角材等に沿わせて、撮りながら横移動させる

講座8参照

レシピ 28

回転雲台＋［タイムラプス］撮影

タイムラプス撮影しながら回転雲台を使ってスマホを自動回転
させることで、広い場所の雰囲気を伝えることができます。
人々の動きも面白く、思わず見入ってしまう動画になります。

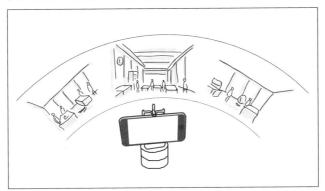

準備するもの

三脚＋回転雲台・スマホホルダー

主な用途

ワークショップ開催のようすを見せる／イベント
会場内を見せる／オフィスで働く社員たちを見
せる／建設現場のようすを見せる

撮り方

一般的に、［タイムラプス］撮影は、雲や行き
交う車や人々など、「被写体が動く」場合に向いて
いる。一方、回転しながら撮る［タイムラプス］
は、スマホ自体が動く（回転する）ことで、その
場の雰囲気までも伝えることができる。

ヒント

回転雲台の使い方

回転速度は調節できる器具もあるが、あまり
厳密に考えなくてもOK。
スマホが大きい場合は、回転雲台が倒れ
そうになることもあるので、そんな時は、
回転雲台の下にミニ三脚を装着して使うと
安定する。

回転雲台は、120分で1回転など
ゆっくり回転する台で、タイムラプス
撮影と併用するのがおすすめ

レシピ 29

ジンバルを使って歩き回りながら撮影

ジンバルとは動画のぶれや揺れをおさえてくれる優れもの。
スマホにジンバルを付けると、手持ち撮影でもスムーズな動きの
映像を撮ることができます。

準備するもの

スマホ用ジンバル

主な用途

観光地を撮りながら歩き雰囲気を伝える／商店
街を撮りながら歩きにぎわいを見せる／工場内
を機械の間をぬって撮って見せる／助手席に
座り、長距離ドライバーのインタビューを撮る

撮り方

例) ジンバルを付けたスマホで、登山
グッズの紹介用に、ハイキングを
しているようすを撮影

例) 車など大きいものをぐるりと回って
撮る時も、ぶれずにとっても便利

例) 狭い車中など、三脚を使いづらい
場所でも活躍する

ヒント

ジンバルは移動撮影にとっても便利

1万円を切るような安価なスマホ用ジンバルも増えてきた。
移動撮影が多いようなら、持っておいて損はない機材

講座8参照

レシピ 30 コマ撮りアニメも楽々Stop Motion Studio

コマ撮りアニメもアプリを使うと簡単に作れます。コマ撮りアニメを作るアプリはたくさんありますが、ここでは「Stop Motion Studio」で説明します。

Stop Motion Studioの撮影方法

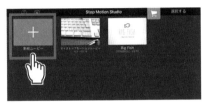

①アプリを起動し「新規ムービー」をタップ

②右上のカメラマークをタップ

③対象を動かしながら写真を撮っていく

Stop Motion Studioでの共有方法

①初めの画面から［選択する］－［ムービー］タップ

②［共有］ボタンをタップ

③種類と共有先を選択する

※使い方の詳細はアプリのヘルプで確認してください

レシピ 31

ガムが動いて文字になる！コマ撮りアニメ

静止しているガムを少しずつ動かして写真撮影し、つないで動画を作ります。連続して動いているように見せるコマ撮りアニメもアプリを使えば簡単です。

準備するもの

ミニ三脚＋スマホホルダー
専用アプリ［Stop Motion Studio］
（＋リモコンシャッター）

主な用途

衣類が勝手にたたまれていき、たたみ方を教える／ランドセルが開き、中の教科書やノートが出てきて「こんなに入る」と見せる

セッティング

一度ガムの文字を完成させた状態をチェックしてから、上図のようにスマホをセッティングする。写真を撮る時にスマホがぶれないよう、そっとタップする。100円ショップでも売っているリモコンシャッターがオススメ。

撮り方

Stop Motion Studio

①アプリ「Stop Motion Studio」をダウンロードする（無料だがApp内課金有り）
②起動する
③スマホをセッティングする
④ガムの粒を少し動かす度に、撮影ボタン（赤い丸）をタップして写真を撮っていく
⑤完成したムービーは共有できる

講座8参照

レシピ
32

スプーンやナイフが動き出す！コマ撮りアニメ

コマ撮りアニメはおもしろい動画になるので、いろいろなパターンにチャレンジしてみてください。

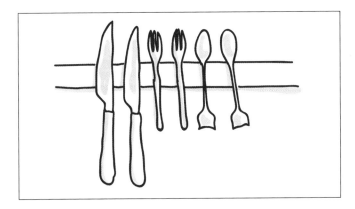

準備するもの

ミニ三脚＋スマホホルダー
専用アプリ［Stop Motion Studio］
（＋リモコンシャッター）

セッティング

スプーンやフォークを並べて、その都度アプリの撮影ボタンをタップして撮影する。

ヒント

コマ撮り撮影は向き不向きがある

向いているのは、床に並べるだけとか、壁に磁石で貼りつけるなど、どんなポーズでもピタッと固定できるもの。人形を動かしてアニメを作る場合などは高度なスキルが求められる。ガンプラなどプラモデルは片足を上げたポーズなど固定に不安があるので、針金などを使って固定する必要がある。

主な用途

工具箱に工具が勝手に収まっていく／ホワイトボードにメッセージが現れる／清掃用具が元あった場所に収まる

撮り方

Stop Motion Studio

 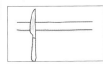 カシャッ

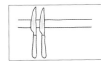 カシャッ

  カシャッ

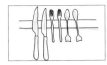 カシャッ

人気の縦型動画！ 撮影のポイント4選

ビジネスで利用される動画は、パソコンで視聴するための横型が主流です。しかし今後、スマホ視聴向けの縦型の動画はますます存在感を増していくでしょう。ここでは「縦型動画」の特徴的なポイントを4点ピックアップしました。

1 人を撮るのにぴったり

縦型は人を撮るのにぴったりな形状。スマホに向かって話しかけたり、何か作業しているところを撮ったりする時など、映っている人に見る人の意識を集中させやすいというメリットがある。

例）店主へのインタビュー動画

例）コーヒーの解説動画

2 真ん中より上の部分が最初に目に入る

縦型動画は画面上にコメントやアイコンなどが並ぶため、それを避けた、画面真ん中から少し上にかけての部分に最初の視点が行きやすい。その辺りに一番重要なポイントをもってくることで何の動画なのかがパッと伝わりやすくなる。

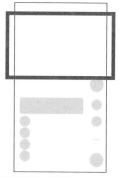

画面上部に重要ポイントを置く

上部から下部へ目線が動く

3 スマホを前後・上下に動かすと縦の構図が活かせる

縦型動画は、スマホを持って前後（進む・下がる）、もしくは上下（上に向ける・下に向ける）に動かすと、その場にいるような没入感が得られ、縦の構図が活かせる。

例）前に進むと、実際にそこを歩いているような印象になる

例）上に向けると、大きな木を自分が見上げているような印象になる

4 ぐっと寄り、情報を絞って撮る

縦型動画は横幅が狭い分、ぐっと寄った映像が適している。画面内の情報を絞ることで、伝わりやすくなる。

例）引いた映像→情報量が多く、伝えたいことが散漫になる

例）寄った映像→画面内の情報が絞られ、伝わりやすくなる

講座1

超基本 iPhone の「カメラ」&「写真」だけで動画体験

撮る・編集する・公開する。
これを全部、iPhone 1台で!
この章では、まず、動画制作の全工程を
解説していきます。
全体像を把握すると、気軽に動画制作が
できるようになりますよ。

 このマークがある機材は、
100円ショップで購入で
きることもあります。

1-1 動画制作の流れ

本書で解説する iPhone でビジネス動画を作っていく工程について、下記にまとめてみました。

準備するもの

iPhone ／スマホ　　スマホホルダー

しっかりと伝える動画を作るときは、足が頑丈な三脚の方が、安定して使いやすい

イヤホン　　三脚

工　程	動画の目的は？	
企　画	パッと目を引くショート動画 （15秒）	しっかりと伝える動画 （1〜3分）
撮　影	縦向きの 撮影も多い　　　カメラ（撮影）	横向きが主流
編　集	VLLO 縦動画の編集 も可能	iMovie 無難に仕上げるとき
公　開	Instagram　　YouTube Twitter　　TikTok ※撮影、編集、公開までできるアプリも増えてきた	YouTube ウェブページ

POINT

スマホで作るビジネス動画のメリット・デメリット。及びデメリットの回避策

スマホで動画制作は手軽でかんたんですが、得意・不得意分野があります。

はじめに、メリットとデメリット、デメリットの回避策を押さえておきましょう。

① スマホで動画制作のメリット

●多くの人がスマホの操作に慣れていて、すぐに始められる

●小型・軽量なので、いろんな場所に固定して撮影できる

●周辺機材も小型なので、コンパクトに収納できて移動もラクラク

② スマホ動画制作のデメリット。及びデメリットの回避策

●**細かいセリフの編集が困難**

理由）インタビューの言い間違え修正など、指先でアプリを操作し秒単位の調整をするのは困難

　⇒回避策：話す練習をしてから撮影し、間違えていないビデオを使用する

●**音声のノイズ除去や細かい色合い調整が困難**

理由）アプリの機能に限界がある

　⇒回避策：静かで明るい場所で撮影する

●**複雑な編集が困難**

理由）パソコン編集でも高度な技術が必要な編集（例えば部分的にぼかしを入れるなど）は難しい

　⇒回避策：編集しやすいように撮影する

POINT

スマホの機材は小さいので忘れ物に注意！

すべての機材に「ロゴシール」や「おなまえシール」を貼っておこう。

スマホでの動画制作にあればいいもの

周辺機器編

スマホでビジネス動画を作る時に必要な機材、あれば便利なグッズをまとめてみました。

あると便利な周辺機材の一例。コンパクトで、持ち運びがラクなのがうれしい

 このマークがある機材は、100円ショップで購入できることもある

1 最低限必要な機材

【iPhone ／スマホ】
周辺機器を購入する際は、使用するスマホに対応しているかどうかを必ず確認！

【イヤホン】
音声内容をチェックする
（接続端子に注意）

【三脚】
三脚があると、安定して見やすいビデオを撮ることできる
100円ショップでも購入可能な機種もある

スマホホルダーと三脚
スマホホルダーはスマホを三脚に固定する器具 ¥100

小型三脚
机の上の小さなものを撮る時は、高さ15cmほどの小さな三脚が使いやすい。

100円ショップでも販売しているが、足が頑丈な三脚の方が安定して使いやすい

SLIK GX 6300など
3,000円程度

足が伸ばせる三脚
立っている人物を撮る場合は、最低でも高さ150cmくらいになるものを用意

2 あるとかなり役立つ機材

【ピンマイク（有線）】

インタビューの声などをきちんと撮る時に使う

ケーブルの端子が
対応していることを
確認

自分撮りしながら１人で指を伸ばして録画
ボタンをタップすることを考えると、ケーブル
の長さは2mくらいが使いやすい

【ワイコンレンズ・マクロレンズ】

iPhone には、これらのレンズが標準装備された機種もある

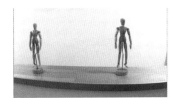

ワイコンレンズ

狭い部屋での撮影でも広く見せることが可能

マクロレンズ

接写（被写体に近づいて撮影）ができる

【自由雲台】

スマホホルダーと三脚の間につないで使用する。スマホを自由な角度に
固定することができるので、撮影の幅が大きく広がる

③ あると助かる道具

アイデア次第で身近な道具が役立つ道具に。お金をかけずに本格的なビジネス動画を作れるのが、スマホ撮影の一番のメリットです！

【ドアストッパー】

ミニ三脚の角度を少し調整したい時に使える

【養生テープ】

はがしやすく糊が残らないテープなので、三脚の仮止めや固定など細かいところで役立つ。手で簡単にまっすぐ切れるのも、撮影現場では助かる

スマホが大きいと、小型三脚では不安定になりがち。そんな時の固定に役立つ

2リットルのペットボトルに水を入れて、三脚を養生テープで固定すると、真上からの手元撮影ができるなどとても便利！

ビデオ編集アプリ

App Store から無料でダウンロードできて、かつ、作品にアプリのロゴが入らない
ビデオ編集アプリを紹介します。

【iMovie：幅広い用途に使える】

まずは、iMovie を使いこなせるようになろう
本書では iMovie を中心に解説

【VLLO：縦動画も編集できる】

SNS 用途の動画作成向き

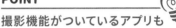

POINT

撮影機能がついているアプリも

TikTok など1つのアプリで撮影・編集・公開
までの機能がついているアプリも増えてきた。
主に、そのアプリ単体で動画投稿まで完結
させる場合に使う。

【写真：超手早く作りたい人向き】

編集に特化したアプリではないが、「写真」
アプリの動画編集機能も充実してきた

アカウントなど

【Google アカウントの取得】
YouTube を使うために必須。事前に取得しておこう

【各種 SNS のアカウントの取得】
Facebook や Twitter、Instagram など使用するサービスのアカウントも取得しておこう

【ウェブ担当者との連携】
ウェブページへの動画の埋め込みなどの作業は、ウェブ担当者と連携して行うようにしよう

本書で使う動画制作の用語とその意味

動画制作には、似たような表現や独特の用語があって混乱することも多い。ここでは、本書や一般書でよく使う用語と、その意味をまとめたので参考にしてほしい。

【撮影用語】	
カット	録画ボタンを押してから停止するまでの 1 つの動画素材
ワンカットで撮る	録画を止めずに撮り続けること
構図・アングル	どんな位置からどんな角度でどう撮るか、ということ
引き	iPhone を被写体から離して撮ること
アップ・寄り	iPhone を被写体に近づけて撮ること
アイレベル	目の高さ
【編集用語】	
動画素材	動画を作るための素材。一般的に動画ファイル・動画データ・映像データ、写真などと表現。iPhone、iMovie では、ビデオ、写真と表現。YouTube にアップロードする仕上がった作品は動画
音声素材	音声ファイル・録音データ・音声データなどと表現。iPhone、iMovie では、オーディオと表現
タイトル・テロップ・字幕	これらは厳密には異なるが、iPhone、iMovie では[文字を記入する]という意味で同じ扱い
タイムライン	ビデオクリップや写真、音声（オーディオ）を並べていく編集画面のこと
つなぐ	タイムラインに、ビデオクリップや写真、音声（オーディオ）を並べること
カットする	アプリ上でカットを分割すること、またはタイムライン上から削除すること

※アプリによって操作表現が異なる場合があります。本書ではそれぞれのアプリの解説ページでも用語の説明をしています。

1-3 iPhoneの「カメラ」&「写真」だけで動画体験

まずは、iPhone の「カメラ」「写真」アプリだけを使って、撮影、編集、Twitter に投稿までを一通り体験してみましょう。作り始めることが上達の早道です。

制作の流れと準備するもの

作例として、「本日のオススメ料理を Twitter に投稿してみた」にチャレンジしてみましょう。[iPhone でビデオ撮影し、「写真」アプリで簡単に編集して Twitter に投稿する] という工程で説明していきますので、一緒にやってみましょう。
※ Twitter アカウントがない人は、工程「④ 編集」までやってみましょう。

| 練習動画：本日のオススメ料理を Twitter に投稿してみた ||
工 程	内　容
① 企画	本日のオススメ料理を iPhone でビデオ撮影し、iPhone の「写真」アプリでササッと簡単に編集して Twitter に投稿する ※動画は1人で作る
② 準備	必要なものを準備する ・紹介したいオススメ料理 ・メニュー名を書いた紙など ・iPhone（「カメラ」「写真」アプリ） ・Twitter アカウント（あれば）
③ 撮影	iPhone の「カメラ」でビデオ撮影 ※ Twitter にアップロードできる動画のサイズに注意 →最大512MB、2分20秒以内
④ 編集	iPhone の「写真」でできる編集機能を使ってビデオを加工し、保存する ※ Twitter アカウントがない人はここまでで OK！
⑤ 公開	動画を Twitter に投稿する

iPhone でビデオ撮影してみよう

iPhone の「カメラ」アプリの［ビデオ］で、撮影をワンカット、つまり録画ボタンを押してから停止するまで録画を止めずに一気に撮り続けます。

1 「カメラ」を起動し、［ビデオ］に切り替える

① 「カメラ」をタップして起動する

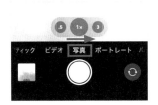

② 画面をスワイプする

③ ［ビデオ］に切り替える

2 カメラ位置を決める

被写体に iPhone を向けながら、どの位置や角度で撮るかを決める。
ここでは、本日のオススメ料理を撮影

POINT

iPhone を縦向きにして撮るか、横向きで撮るか

この例では SNS（Twitter）にアップしてスマホで見てもらうことを想定した動画撮影なので、縦向きで撮影。※パソコンでの視聴をメインとする動画は横向き撮影の動画（横長）が向いている。

3 撮影する（録画の開始と停止）

① ［録画ボタン］をタップし、録画を開始する

② 料理を撮影する

③ ［録画ボタン］を再度タップし録画を終了

④ ビデオは、「写真」に保存されている

POINT

実況しながら撮ると見る人がわくわくするビデオに

映像だけでは見ている人も楽しくないので、何か話しながら撮ってみよう。

「旬のカワツエビは最高にうまい!」「日本酒にぴったり」など。

POINT 料理動画の撮り方

動きのない料理を撮る時→スマホを移動させて撮影

テーブルに並べられた料理や、ずらりと並んだ日本酒を撮る時は、スマホを移動させて撮影。最後に店名など文字情報を入れると効果的。

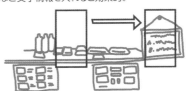

動くものや動きを撮る時→スマホを固定して撮影

料理にソースをかける動きや、火にかけた鍋がぐつぐつ煮立っているようすなど、撮る対象が動いている場合は、スマホは固定で撮る。

文字情報を伝えたい→人と文字を撮って、テロップの代わりに

文字情報を伝えたい場合は、手書きのメッセージボードや、看板を映すなどの工夫で伝わる動画に。文字情報は、最低でも3秒くらいは撮ろう。短いと読みきれない。

「写真」で簡単なビデオ編集をしてみよう

iPhone の「写真」アプリで簡単なビデオ編集ができます。この機能を使って、はじめと終わりで不要な部分をカット、色合いの調整をしてみましょう。

（「写真」にはビデオにタイトルなど文字や音楽の追加、複数のビデオをつなぐといった機能はありません）

1 「写真」を起動し撮影したビデオを開く

①「写真」をタップ
して起動する

② 撮影したビデオを
タップして開く

③ ビデオが開き自動
再生される

POINT

編集を行う前に、大切な原本は複製を

① 右上の ••• をタップ

②［複製］をタップ

③「写真」一覧に戻ると複製
されているのが分かる

② ビデオを開き［編集］をタップして編集画面を開く

① ［編集］をタップ

② 編集画面が開いた

【「写真」の編集画面】

音声　ON　OFF

スクリーン
再生されたビデオが表示される

フレームビューア
両端のどちらかの ◀ ▶ をドラッグ
すると周りが黄色くハイライト
表示され、ドラッグで不要な
部分をカットできる

ツールを選んで
加工できる
① キャンセル
② ビデオ
③ 調整
④ フィルタ
⑤ トリミング
⑥ 保存

再生

白い縦棒
フレームビューアの白い縦棒
部分がスクリーンに表示される。
再生ボタンのタップやドラッグで
動かすことができる

① ② ③ ④ ⑤ ⑥

77

③ ビデオのはじめと終わりで不要な部分をカットする

カットできるのは、ビデオのはじめと終わりの部分です。フレームビューアの中の白い棒を左右にドラッグして、スクリーンを見ながらカットしたい部分の見当をつけます。フレームビューアの両端のどちらかをドラッグすると、周りが黄色くハイライト表示され、カットできます。再生ボタンをタップすると再生されます。

① 必要な部分まで、開始位置を右へドラッグして短くする。（それ以前のビデオはカットされる）

② 必要な部分まで、終了位置を左へドラッグして短くする（それ以降のビデオはカットされる）

※ビデオのはじめと終わりをドラッグすると再生されなくなるが、削除されたのではない。ドラッグする前の位置まで戻せば再度表示される

POINT

ビジネス動画には色味の統一感も重要
機能をあれこれと使いすぎない

どのアプリも、最近はいろんな機能がてんこもり。iPhoneの「写真」にも様々な機能がついていて、目に入るとつい触れてみたくなるもの。

しかし必ずしもすべて使う必要はなく、例えば、色味を変えられる機能がついていて、左の写真のようにモノクロにすることもできるが、こういった機能は明らかな意図があるとき以外は不要。

いろいろな色味変化を試してみるのは楽しいが、ビジネス動画ではイメージの統一感を心掛けよう。

4 ［調整］ボタンで色合いを調整する

色合いは［調整］−［自動］を選択すれば、iPhone が最適な色合いに調整します。
調整後、スクリーンを一度タップすると、オリジナル（調整前）の色合いに一瞬戻り、
比較することができます。

【調整の目的】

撮影で本来の鮮やかさを表現
できなかったので調整したい

【調整ボタンの操作方法】

［自動］と表示

細かい調整が可能

① ［調整］をタップ
② ［自動］をタップ

［調整前］

［調整後］　　　　　［調整前のオリジナル］

 ←→

調整後にスクリーンをタップすると、オリジナルが一瞬表示されるので比較することができる

POINT

料理は明るく鮮やかにするとおいしそうに

あくまで参考として、調整でさわるとしたら、明るさと
鮮やかさ。特に食べ物の場合はおいしそうに見える。

動画で一番大事なのは、きちんと撮影すること！

調整を触りすぎていると、どんな色合いがいいのかが
分からなくなってしまう。特別な目的がない限り、［自動］
だけにしておくのがおすすめ。

動画作りで一番大事なのは、きちんと撮影すること。
動画作りを始める人は、調整というのは撮影の失敗を
少し改善する、程度に考えよう。

【明るさ＝露出、鮮やかさ＝彩度】

［露出］で明るさ
を調整した

［彩度］で鮮や
かさを調整した

⑤ 知っておくと役に立つ「写真」の [トリミング] 機能

映像をトリミングする [トリミング] 機能には、映像を拡大や移動できるという便利な機能もあります。映像をアップで見せたい時や背景に映り込んだものを見えなくしたい時などに使えます。

【トリミングボタンの操作方法】

反転
映像が反転する

回転
左回りで90度ずつ回転

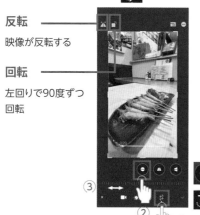

傾き補正ができる

「再生してみたら水平に撮れていなかった」などの失敗を修正する時に、映像の傾きを修正できる

① ⟨trimming⟩ [トリミング] をタップ
② ⟨rotate⟩ [回転] のボタンをタップ
③ スクリーンで確認しながら、目盛りを左右にドラッグすると、映像が回転する

正方形や長方形に変えられる

正方形にしたり、縦横表示比率を変えることができる

① ⟨trimming⟩ [トリミング] をタップ
② 右上のボタン ⟨icon⟩ をタップ
③ 表示されたボタンから表示させたい形を選んでタップ

オリジナル	自由形式	スクエア	壁紙	9:16	4:5

映像の拡大や移動ができる

「大事なところを大きく見せたい」「商品を画面中央に寄せたい」なども可能。

[トリミング] をタップし、ピンチ（指2本で画面に触れたまま離したり閉じたりする動作）で映像を拡大したり元のサイズに戻したりすることができる。

また、拡大した後、指1本でスクリーン上でドラッグして位置も移動できる。

ピンチアウトで拡大

拡大した後に、ドラッグで移動できる。ピンチインで元のサイズに

80

6　編集後のビデオを保存する

編集が終わったら✓をタップして保存します。

① 右下の✓をタップ
して保存する。

② 編集したビデオは
「写真」に保存され
ているので、タッ
プして開いて確認

③ ビデオを開いて、
［編集］をタップ
すると右下に［元
に戻す］が表示さ
れる。編集内容
を採用しない時は
［元に戻す］をタッ
プする

④ 「オリジナルに戻
す」をタップする。
オリジナルに戻す
ことができるが、
それまでの編集
（トリミング、調整
など）は全て削除
されるので注意

**クリップの長さを変更している時などは、
保存方法のボタンが表示される**

①-2

①-2

クリップの長さを
変更しているとき
は、［ビデオを新規ク
リップとして保存］
［ビデオを保存］
が表示されるので、
いずれかの方法で
保存する

POINT

編集したビデオの保存方法の違いは？

［ビデオを新規クリップとして保存］

元の撮影データとは別に、新規で保存

⇒パソコンの「別名で保存」のようなもの

［ビデオを保存］

元の撮影データを更新して保存

⇒パソコンの「上書き保存」のようなもの。

※どちらの場合も、上記②③④の方法でオリジナル
に戻すことができる。

動画を Twitter に投稿してみよう

完成した動画を Twitter に投稿・公開してみましょう。アップロードできる動画の
ファイルサイズは最大512MB、2分20秒以内。テキストは140文字以内です。
※事前に Twitter アプリのダウンロードと、アカウントの取得が必要です。

【Twitter への投稿操作】

① ②

① Twitter を起動しログインする

  （あらかじめ取得した ID、パスワードが必要）

② 画面右下の ⊕（ツイートアイコン）をタップし、投稿画面を表示

③ 画像アイコンを
タップ

④ 投稿する動画を
タップ

⑤ ［動画を編集］画
面が表示される。
すでに編集は済んで
いるので右上の
［完了］をタップ

（青くハイライトされ
たバーは左右を動か
せば不要な部分を
カットしたりファイル
サイズを減らしたりで
きる）

④「今日のオススメは
カワツエビの唐揚
げ！ 日本酒にぴった
り。営業は夕方5時
からです」などとテ
キストを追加して、
右上の［ツイートす
る］をタップすると
投稿が完了する

おめでとうございます！
これであなたも
ビジネス動画デビューです!!!

講座 2

撮影の基本から
凝ったテクニックまで

iPhone に搭載されている動画撮影機能は
とても優れています。画質は良すぎるくらい
ですし、上手に撮るために必要な基本機能
もそろっています。この章では、iPhone で
動画を作るための撮影方法について基本
テクニックから凝ったテクニックまで幅広く
ご紹介します。

iPhone 13以降の新機能も説明しました。

 このマークがある機材は、
100円ショップで購入で
きることもあります。

2-1 iPhone でビデオ撮影の基本的な設定

iPhone でビデオ撮影するための基本的な設定と操作を説明します。

撮影をする前に

1 グリッドを表示しておく

ビデオを撮影するにあたりグリッドを表示しておきます。グリッドとは画面を9つ
に分割する補助線のこと。これがあることで、画面の傾きなど構図が確認しや
すくなります。▶「設定」→「カメラ」→［グリッド］で設定します。

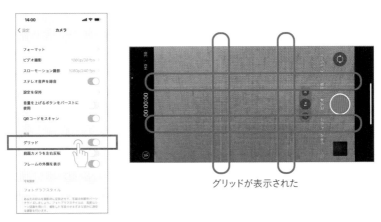

グリッドが表示された

2 横にして撮るか、縦にして撮るかを決めておく

iPhone を横にして撮るか、縦にして撮るかを撮る前に決めておきます。これは、
完成した動画の視聴方法よって変わります。パソコンで視聴の場合は横長表示、
スマホの場合は縦長表示が向いています。

**本書ではビジネス動画にフォーカスしているため、パソコン視聴を想定し、基本的には横向き
の撮影で解説していきます。**

本書では基本的には
横向きの撮影で解説

2-2　iPhoneでビデオ撮影の基本

進化するカメラ機能。押さえたい撮影ポイント

1 三脚でスマホを固定しよう。スマホホルダーは必須

三脚を使う時、スマホを三脚に固定する器具（スマホホルダー）が必要です。ネジ穴のサイズは基本的に同じなので、いろんなタイプの三脚に装着可能です。

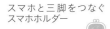

スマホと三脚をつなぐスマホホルダー

三脚を使ってスマホを固定

一般的な三脚は、カメラを装着する部分（雲台）が取り外せる。これによりカメラの着脱がスムーズになるが、カメラ側につけたまま忘れてしまいがちなので注意！

POINT

撮影は三脚を使うのが基本。無い時はできるだけ両手で持って

三脚がない時は映像を安定させるために脇を締め、スマホを両手で持つのが基本。両手で撮ることで、映像が傾くのを避けることもできる。ドアを開けながら撮る時や、スマホを持って歩きながら撮る時は、できる限りぶれないよう心掛けよう。

三脚がない時のスマホの固定方法

三脚が常に用意できるとも限らないので、三脚がない場合の撮影も想定しておこう。

室内で三脚がない時はスマホを机に置いて撮る。

手持ちで撮影する時でも、スマホを机や壁に押しつけて固定すれば、安定した映像が撮れる。

またイベント撮影等、屋外で三脚がない時は、スマホを持った両手の脇を締めて胸に押しつけるなど、とにかく固定することを考える。体ごと壁にもたれて撮影することも多い。

体を壁に押しつける、スマホを机に置くなど工夫してスマホを固定し手ぶれを防ぐ

2 「カメラ」ー［ビデオ］で撮影。タイム表示を確認しよう

iPhoneの「カメラ」アプリをタップして起動し、画面をスワイプして［ビデオ］を選び撮影します。赤い丸いボタンをタップすると表示が●から■に変わります。録画が始まると画面上部のタイム表示が動き出します。撮影を終了するときは、■をタップして●に変わると終了です。

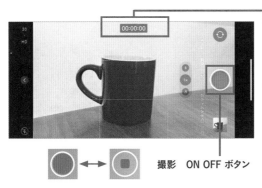

POINT

画面上部のタイム表示が動き出すのを確認してから撮影開始!

この数値が動き出すのを確認してから撮影開始。

よくある間違いは、タップと同時に撮影開始だと考えてしまうこと。

その結果、インタビューなどでは最初が少し撮れてない、ということが発生するので要注意。

撮影 ON OFF ボタン

3 「カメラ」のズーム機能ではなく、被写体に近づいて撮影する

「カメラ」はスマホ画面を2本の指で同時にタッチして広げるようにすると（ピンチアウト）、被写体を拡大して撮影できますが画質が落ちてしまいます。
できるだけズームは使わず、被写体に近づいて撮影しましょう。

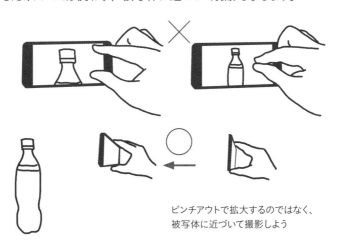

ピンチアウトで拡大するのではなく、
被写体に近づいて撮影しよう

4 ピントや露出の合わせ方を知っておこう

撮りたいものに iPhone を向けるだけで自動的にピントがあいますが、他の方法も知っておくと表現の幅が広がります。

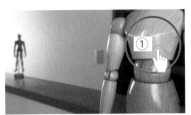

POINT

撮影開始後も、
焦点を変えることができる

① 手前の人物をタップ。ピントが合った

② 奥の人物にピントを合わせたいので、スマホの画面をタップ

③ 奥の人物にピントが合った

POINT

画面を長押しすると明るさが固定される

iPhone を動かして、撮る対象を変えると画面の明るさが自動的に変化してしまうことがある。これを避けるためにはピントを合わせたい所で画面を長押しすると画面の明るさを固定できる。再度タップすると解除できる

5 [スロー] で撮ると強い印象を残す

ゴルフのスイングや猛スピードで回転する機械などは、「カメラ」ー [スロー] で撮影してみましょう。動きがゆっくりと再生されるので、強い印象を残すことができます。決定的な瞬間も記録することができますね。

[スロー] で撮影すると、とても
ユニークな表現ができる。
▶ 「カメラ」ー [スロー] で
表示

6 ［タイムラプス］では iPhone を長時間放置して撮影

［タイムラプス］で撮影すると早回しのような映像が撮れるため、「何かを組み立て終わるまで」や、「清掃作業のようすを始めから終わりまで」など、1つの作業工程を見せるのに向いています。▶「カメラ」ー［タイムラプス］で表示します。［タイムラプス］で撮る場合は、ある程度長い時間 iPhone を置きっ放しにするため、人があまり行き来しないような場所を探して設置しましょう。

［タイムラプス］撮影では、スマ小を長時間放置するので、蹴飛ばされないように注意。目立つ名札などをかけておこう

7 フラッシュを使うか使わないか

「カメラ」の設定で、左上の 🗲 でフラッシュをオンにするかオフにするかを選択できます。

暗いときの映像

フラッシュ使用時の映像

POINT
暗い場所を避ける・明るい時間帯に撮影することを心掛けよう

フラッシュを使うと、いかにも「フラッシュを使いました」という映像になるので注意が必要。フラッシュを使うよりも、暗い場所を避ける・明るい時間帯に撮影する、という撮影を心掛けよう。その方がきれいに撮れる。

⑧ ［シネマティック］ モードで撮る ［iPhone 13以降］

iPhone 13から「カメラ」に実装された ［シネマティックモード］。その名の通り、映画のようなビデオが手軽に撮れるようになりました。背後をボカして印象的に撮りたいときに活用できるモードです。画面を横向きにして ◀ をタップすると、設定ボタンが表示されます。撮った後にピントを変えられたりと、今後もどんどん発展しそうな機能です。

ここでは機能を紹介します。いろいろとチャレンジしてみてください。

［シネマティック］ で画面を横向きにして ◀ をタップすると、 ▶ になり、設定ボタンが表示される

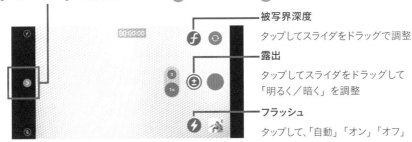

被写界深度
タップしてスライダをドラッグで調整

露出
タップしてスライダをドラッグして「明るく／暗く」を調整

フラッシュ
タップして、「自動」「オン」「オフ」

ƒ ボタン（被写界深度）の調整……スライダのドラッグで背景のボケ具合を変えられる

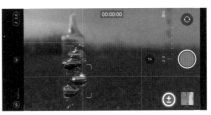

± ボタン（露出）の調整……スライダのドラッグで明るさを変えられる

89

2-3 | 人の撮り方の基本

人のどこを撮るかで伝わり方が異なる

ビジネス動画では人を撮ることが多いので、まずはここから説明を始めます。
人のどこを撮るかは「胸から上」「全身」「顔のアップ」「手」の4パターンを撮り
分けるといいでしょう。

1 胸から上を撮る。目の位置を意識して安定感を出す

人物撮影で最も標準的な撮り方です。「バストショット」と呼ばれます。画面を
9分割した上で、目を上から1本目の線上に持ってくることを意識して撮ると
安定感が出ます。

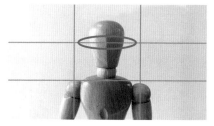

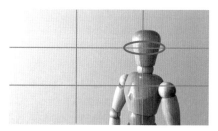

まっすぐ前を見て話す場合は胸から
上を撮る

インタビューでは手も入れて撮る

2 全身を撮る。服装や場所など説明意図が強くなる

全身を撮ると、「どんな服装か」「どんな場所にいるか」という説明の意図が強く
なります。この場合、カメラマンは人から2〜3mほど離れる必要があり、広い
スペースが必要になります「作業している全身のようす」「人を含むその場所全体
を伝えたい」場合にのみ使いたい撮り方です。

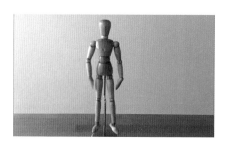

全身を撮ると、画面に映り込む
ものが多くなるため、背景など、
細やかに片づけをするなど気を
配る必要がある

③ 顔のアップを撮る。感情が伝わる

「どんな表情か」「目の動きはどうか」など、感情がよく伝わる映像になります。
インタビューなどでは、最後のメッセージや、一番言いたいことといった部分で
顔のアップが挿入されます。

インタビューで使うと強いメッセージを伝えることができる

④ 手元を撮る。手元の作業を分かりやすく伝える

自分の視点から見た映像で、何をしているのかが伝わりやすくなります。

手元を撮る時は、スマホの画面を見ながら設置する場所を決めていく

カメラ位置の調整

撮影位置の角度を変えると、与える印象が変化する

上から撮る、下から撮る、など撮影するスマホの角度も意識しましょう。
「アイレベル」「見下ろす」「見上げる」の3パターンがあります。

1 アイレベルで撮る

スマホを人の目と同じ高さで撮影する、標準的な撮り方です。

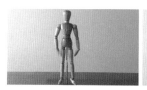  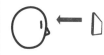

2 見下ろすように撮る

スマホを人の目の高さよりも少しだけ上の方に設置する撮り方です。見下ろす
ような構図になり、「作業しているようすを上の方から全体を見せたい」といった
使い方ができます。落ち着いた印象を与えたり、小顔効果もある撮り方です。

  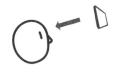

3 見上げるように撮る

スマホを人の目の高さよりも少しだけ下の方に設置する撮り方です。見上げる
ような構図になり、「豪快さ」「偉大さ」「元気さ」といった強いメッセージを
表現することになります。

その人に力を与える撮り方なので経営者へのインタビューなどに適しています。

明るく撮ることを常に意識する

照明機材を使いこなすのは高度なテクニックが必要です。ですから「室内＝明るい場所で撮る」「屋外＝太陽が高い時間帯に撮る」ことを意識しましょう。
ここでは、「光」の使い方について解説します。

1 屋外では撮る方向で印象が変化する

同じ時刻・同じ場所・同じスマホで撮影しても、下記のように印象が異なるビデオになります。これらの違いは、太陽と人とスマホの位置関係です。

【順光】　一番無難に撮れる。他に目的がない限りこの撮り方で撮ろう。

【サイド光】　印象的な映像になる。

【逆光】シルエットになるため、表情は撮れない。エンディングなどイメージ撮影などで使われる。

93

2 室内での撮影は明るい場所を探す

屋外だけでなく、室内においても注意点は同じです。撮影する際には必ず、その場所を見回して、「どこで撮るか」を考えます。おおむね次の2カ所から選ぶことになります。

① 室内で一番明るい場所

外光が入る部屋、明るい蛍光灯、白い壁など、明るい場所を探す。

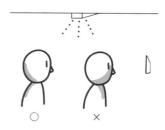

② 窓のそば

外からの光が強いと、顔の室内側の部分に影が出ることがある。また、一度に何人も撮影する場合など時間がかかるときは、日が沈んで明るさがマチマチになることもある。

窓のそばでの撮影は、1〜2時間以内で使うパターン。

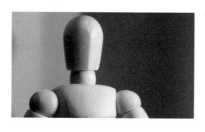

POINT

撮影がうまい人は、「撮るべき場所を探してから」撮る

同じiPhoneを使っても、撮影のうまい人とそうでない人がいる。この違いはシンプル。

へたな人は、「撮りやすい場所から」撮り、うまい人は、「撮るべき場所を探してから」撮る。

撮影の時は、「なんとかここにスマホを置けないか」「ここから撮れないか」「もっと明るい場所はないか」「静かな場所はないか」と考えて撮影に入ろう。

3 避けるべきポイントは3点

撮影を開始する前に、次の3つの点を確認しておきましょう。

① 逆光を避けて撮る

人を撮影する場合、責任者など偉い人ほど窓を背に座っていることが多いもの。逆光を避け、応接室などに移動して撮影するのがおすすめ。

※夜間であれば外からの光もなく問題ないこともあるが、やはり昼間の映像の方が印象が良い。

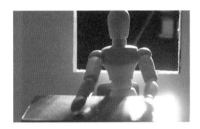
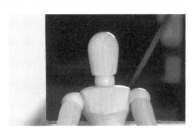

窓際など逆光で撮るのは避けたい　　　　　撮影場所を変え逆光にならないところで

② 背後にシルエットが無いように撮る

後ろの壁が近すぎると、写真のように影が目立ってしまう。ただ、これを完全に無くすのは至難の技。スマホの角度を動かしたり、壁から離れたりして、できるだけシルエットが少なくなるように工夫して撮ろう。

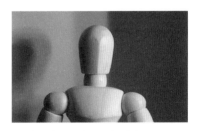

壁と人物が近いので、影が目立ってしまう　　　撮影場所を変えて影を少なくしよう

③ 背後に余計なものが映らないように撮る

映る場所をきちんと片づけるだけではなく、取引先の情報など撮ってはいけないものがないか気をつける。

また、時計や通行人など、動くものも映らないようにしたほうが、あとで編集がしやすい。

人以外を撮るときに考慮すべきポイント

人の撮り方はある程度のパターンがありましたが、それ以外の撮影は「その都度考える」しかありません。例えば、商品は形がさまざまですし、イベント告知や会社の雰囲気といった目に見えないものもあります。撮り方も伝え方も1つではありません。そこで、ここではよくあるものを取り上げて、考慮すべきポイントをまとめておきます。

1 とにかく明るくはっきり撮る

これは人も一緒。格好をつける必要はありません。

明るく分かりやすく撮ることだけを考えましょう。

2 伝わりやすさを考えて撮る

初めてそれを見る人の立場になって撮る必要があります。

例えば、大きさを伝えるなら、小さいものは手を入れて撮る、イベントの賑わいなら人々を入れて撮る、といったことです。

3 相手が知りたいポイントを撮る

つい、言いたいことや伝えたいことばかり押し付けるように撮ってしまいがち。見る人が知りたいこと、特に「類似製品やサービスと違うポイント」に絞るといいでしょう。

POINT

景色や建物の映像に個性を出すには

ただ景色や建物を撮っても、あまりおもしろみがない、と感じることがある。そんな時は、自社の商品などを手前に入れて撮るといい。

著者の場合、ビデオカメラや映画のミニチュアなどを使い、映像に個性を出す工夫をしている。本書で使用している写真にも、数多くのミニチュアが登場している。

2-4 iPhoneでの撮影アイデアあれこれ

コンパクトで高性能なiPhoneの特徴を生かせば、アイデア次第で、これまでにできなかったいろんなことができるようになりました。いくつか紹介していきます。

いろんな角度から撮影すると表現が広がる

いろんな角度から撮影するとちょっと変わったビデオ表現ができます。

1 「手元の撮影」は視聴者視点のビデオで臨場感を演出

手元を撮影すると、まるで視聴者自身が作業しているかのようなビデオが撮れます。高さ15センチ程度の小さな三脚と自由雲台と呼ばれる首の角度を自由に変えられる器具が役に立ちます。

また、下記のような100円ショップでも購入できる首から下げる器具も、目の高さの作業などの撮影に使えます。

2 高い位置からの撮り方

高い場所から広い範囲を見下ろす撮影は、より高く伸ばせる三脚を使います。
ただし、三脚の足を伸ばして真下を撮影すると、三脚の足が映り込んでしまうので要注意です。

三脚の足が映り込んでしまう。

3 真上から真下を撮影する方法

料理の手順を真上から撮りたいと思うことはよくあります。

大がかりなスタジオでなくても、くねくねと足を曲げられる三脚を使って天井から
つり下げると比較的簡単に実現できます。

また、長さと角度を調節できるスライディングアームと呼ばれる器具を三脚に
取りつけて使用するといいでしょう。

つり下げる場合はリモコンシャッターが必要になります。

【撮影の工夫】

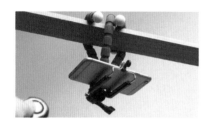

くねくねと足を曲げられる三脚を使って。
つり下げる場合はリモコンシャッターが必要

長さと角度を調節できるスライディング
アーム。三脚に取りつけて使う

【上から撮る時の注意】

高価なスマホが落ちたら大変。落下に備え、スマホホルダーは下側につけよう。

iPhone の落下に備えて、ホルダーは下側に
装着！

スマホを動かして撮影する時は始まりと終わりを意識

ビデオ撮影は固定が基本ですが、動かしながら撮影することもあります。
その場合は、次の工程を意識しましょう。

① スマホを静止させている状態で録画を開始

② スマホを動かしながら撮影

③ スマホを静止させてから録画を止める

1 パンやティルト撮影はスマホをゆっくりと動かす

撮影に慣れてきたら、パンやティルト撮影を使ってみましょう。

左右に動かすことをパンといい、上下に動かすことをティルトといいます。

【パン】

撮影しながらカメラを左右横方向に動かす撮り方のこと。三脚に固定したスマホをゆっくりと
動かして撮る。

空間や広さを表現できるため、景色や室内全体など大きな対象の撮影に向いている

【ティルト】

撮影しながらカメラを上下縦方向に動かす撮り方のこと。三脚に固定したスマホをゆっくりと動かして撮る。

上に向けたり、下に向けたりして撮影する

高い建物を下から上へ撮影して「大きさを見せる」など、上下方向の変化を見せる意図で使われる

POINT

パン、ティルト撮影のポイント

① パンやティルトをする時は、まず撮り終える所を決める。その後、撮影を開始する姿勢にカメラを動かす。例えば、左から右にカメラを動かすとすれば、右に向いた姿勢を決めてから左側に上半身をひねる。終わりの姿勢を決めてから撮影すると、終わりの画面が安定する。

② 最初と最後の撮影は最低2秒間画面を固定する。

③ パンやティルトをする時には、三脚の水平をしっかりと合わせる。最初の画面と、パンやティルトをして最後の画面を見て、地面と水平になっているかを確認。両方水平なら OK。録画を開始しよう。

② 移動撮影はどこからどこまでを撮るのかに注意

直線移動（ドリー）撮影では、首を振るだけのパンと異なり、スマホそのものを直線移動させながら撮影します。視聴者は、画面が動くと目で追うので、固定の映像に比べ興味を持ってじっくり見てもらえます。

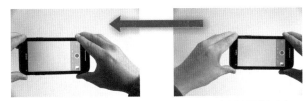

ドリー撮影は、どこからどこまでを撮るかを決めてから録画を開始しよう

座ったままの人々や、机の上の商品など、あまり動きのない対象を見せるときは、特に移動撮影が向いている

【アイデア次第の手作りドリー】

ドリー撮影はできるかぎりぶれないように注意する。撮影の専用機材もあるが厚手の布などの上にスマホを設置し、ゆっくりと動かして撮るなど、工夫次第で簡易的に撮影することもできる。

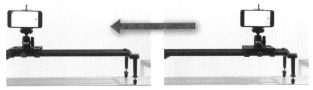

スマホでのドリー撮影の専用機材

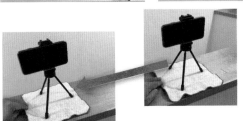

身近な環境でもアイデア次第で簡単にドリー撮影ができる。これもコンパクトなスマホならではの特徴

3 「歩きながら撮影」は手ぶれに注意

　店内や観光地の案内など、歩きながら撮りたい時もあるでしょう。しかし、スマホを手持ちで歩くときは手ブレに注意します。iPhone の手ブレ防止機能の性能も上がってきていますが、ブレないように注意しながら歩く基本は変わりません。手ブレを避ける歩き方は、英語では Ninja Walk（忍者ウォーク）と呼ばれるそうです。腰を落とし、抜き足差し足忍び足という忍者のような動きをして撮ってみましょう。

歩くときの手ブレは、縦揺れが問題。この縦揺れを電動で抑える専用機材がジンバル

100円ショップ三脚をつけて持つだけでも、手振れを抑える効果が得られる

4 ジンバルを使って移動しながらの撮影は、計画的に

　ジンバルを使うと手ぶれしない映像になるといっても、フラフラ・キョロキョロと落ち着かない映像は視聴に耐えません。撮り始める前に、どのルートを歩き、何を撮っていくか、を計画しておきましょう。例えば工場内を案内する動画を撮る場合、「まず入り口の看板を撮ってから内部全体を見渡し、次にこの棚の商品をアップで撮っていく…」といったように事前に決めてから実際に撮り始めます。

撮影の順番や場所を決めてから撮影を開始しよう

2-5 「音」の問題について

スマートフォンに限りませんが、動画制作において「録音」というのは最も難しいパートです。

「録音」は最も難しい

昨今の動画の質の善し悪しは、映像ではなく録音で決まると言ってもいいくらいです。どれだけ美しい撮影をしても、声が聞き取りづらければ、その動画は残念な印象を与えてしまう。本書ではビジネス用途を想定しており、企業イメージにも影響するかもしれません。

1 悩ましい録音機材選び

映像に関してはどのカメラも性能が上がり、特に難しい設定をしなくても「オート」で十分きれいな撮影ができる時代になりました。しかし一方で、「録音」だけは機材も収録環境も話し方も気をつけないとうまくいきません。

そして、スマートフォン撮影に関して特に悩ましいのが、「これ1つあれば絶対に大丈夫」と言える録音機材がないことです。著者もいろいろ購入して試しますが、購入者のレビューが高くても動作しなかったり、逆に低くても使えるという経験を多くしてきました。スマホの録音に関しては、理論上問題ないのにうまくいかない、ということも起こるのです。

2 撮影したけれど音が使えなかったら

撮影してみて、「声が小さい」「周囲の雑音が入りすぎている」など音が使えないと思ったら、編集の際に音は「消音」にしてしまう潔さも求められます。

「映像と音を別収録したらどうか」という意見も必ず聞きます。

方法としては悪くありませんが、撮影後にスマホアプリで編集するとなると、作業の難易度が上がってしまいます。

どうしても、映像と音を別に収録してあとで重ねたい場合は、やはりパソコンでの編集がオススメです。

スマホでの録音方法について

本書では、2023年3月現在のスマホ録音方法として、次の2点をまとめておきたいと思います。

1 まずはマイクを使わない方法

本書でも何度か登場していますが、マイクを使わない録音方法です。この場合は次の3つの条件を満たして収録してください。屋内が理想ですが、どうしても屋外で収録する必要がある場合は、風や騒音を避けるように壁の近くに寄るなど工夫しましょう。

① 静かな環境を用意

窓を閉める。エアコンを消す。カサカサと動く度に音がする服は着ない。できるだけ狭く音が反響しない場所で撮影。

② スマホにできるだけ近い場所で収録

スマホと被写体の距離は1メートルくらい。

③ スマホに向かってはっきり、ゆっくり話す

手元のメモを見るために下を向くだけでも声が遠くなってしまう。

2 ピンマイクを使う方法

社長メッセージや講義の撮影など、「声」が重要な場合は、やはりピンマイクはあった方がいいでしょう。iPhone で使うときは動作確認をしましょう。

ピンマイクは、有線タイプと無線タイプがあります。有線タイプの方が安いですが、最近は安価な無線マイク（ワイヤレスマイク）も登場しています。興味ある方は試してみてください。ただ、ピンマイクは有線を使おうと無線を使おうと、撮影中に録音状況を確認できません。スマホ録音は「いい機材を揃えればOK」とはなりませんので気をつけましょう。

次ページからは、更に詳しく「音」の収録方法について説明していきます。

ピンマイクについては、特に記載がない場合はすべて有線ピンマイクのこととなります。

2-6 iPhone で声をきちんと録る方法

iPhone で作った動画で失敗するのは決まって「声」です。うまく録るのが難しい上に、後で細かい調整や編集が難しいのです。そのため撮影の段階で注意して録音します。

声を録るにはできればピンマイクを使う

iPhone のビデオ編集アプリ（iMovie など）では、声質やノイズを細かく修正できません。声を明瞭に聞き取れる録音を行うために、ピンマイクを使うのが望ましいです。ここでは、iPhone の接続端子について説明します。

1 iPhone の接続端子について

ライトニング端子の iPhone に接続方法は次の2パターンです。

①ライトニング端子の機器を接続する

② 3.5mm 4極 ミニプラグがついたオーディオ機器を使用する際には Apple 純正「Lightning - 3.5 mm ヘッドフォンジャックアダプタ」を使って接続する。

※いずれの場合も動作保証されている機器を使用しよう。

ライトニング端子の iPhone

ライトニング端子

3.5mm 4極 ミニプラグ

Lightning - 3.5 mm ヘッドフォンジャックアダプタ

3.5mm 3極 ミニプラグ

2 音をチェックする際の注意点

iPhone でのビデオ撮影の場合、映像については画面を見ながら調整できますが、音声は撮りながらの確認ができません。そのため、必ず事前にその場で録音し、再生して音声を確かめてから、撮影に入る必要があります。

● 音をチェックする場合は、iPhone のスピーカーではなく、必ずイヤホンを使う。

● ビデオを「写真」から選択して再生するとはじめは音声オフになってるので、「音が録れていない！」と焦ることがよくある。下部のスピーカーアイコンをタップして音声オンにすることを忘れないこと！

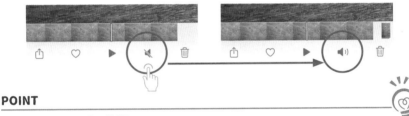

POINT

ピンマイクのつけ方と位置はここ

襟のある衣類やジャケットはつけやすい。ケーブルは衣類の内側に隠すのが基本だが、ケーブルの長さが足りない場合も考えられる。あまりこだわらず、多少不格好でも「きちんと録れていればいい」くらいの割り切りも必要。

ピンマイクでスマホを倒してしまう事故もよくある

ピンマイクを使用した撮影では、急に体を動かしてスマホを倒してしまうという事故がよく起こるので注意しよう！

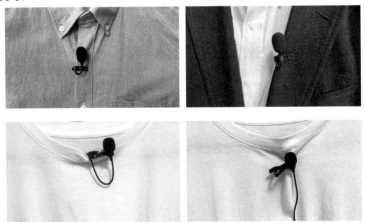

自分の声でコメントしながら撮影する場合

機器の操作を説明する動画など、自分でコメントしながら撮影するケースもよくあります。ポイントを解説します。

1 静かな室内での撮影の場合

iPhone を手元に置いて撮影すれば、iPhone と口が近いため、声は問題なく録れます。ただし、エアコンなど音の出るものは OFF にしておきましょう。撮影の時に気にならなくても、録音すると邪魔な雑音となります。

静かな室内なら、声を入れながら撮影できる。しかし、エアコンなど、音が出る物は OFF にしておこう

2 屋外や工場内など騒がしい場所での撮影の場合

騒がしい場所では、撮影しながら自分の声を収録するのは難しい。

ピンマイクを使っても声が聞き取りづらいようなら、声は使わずにテロップを入れて説明する方法や、編集時に後からナレーションを入れることも可能です。

現場にあわせて、撮影方法を変えていくという割り切りも大事。

騒がしい場所で声を入れながらの撮影は避けたい。
上記のような、他の方法を考えよう

1人で自分自身の声を録る場合（セミナーなど）

1 撮影手順

1人で、自身のセミナー動画などを作成する場合の手順は次の通りです。

① 三脚につけた iPhone を、自分の目の高さに立てる。画面を見ながら撮影できるように、画面を自分に向ける

② 「カメラ」を起動し、「自分撮り」にしてスマホの位置を調整する

③ ピンマイクをつける

④ テスト撮影をする

⑤ 再生して音声を確かめる

⑥ 問題なければ収録を開始する

2 ピンマイクのケーブルの長さ

1人で操作することを考えると、自分とスマホの距離は1m。
ピンマイクのケーブルは2mが使いやすい。

マイクのケーブルの長さは2mぐらい

三脚が低い場合は机の上に立てる

POINT

ナレーションは短いコメントをつないでいく

編集でナレーションを入れるパターンもある。その場合は、長く話し続けるのではなく、短いコメントをつないでいくような話し方を心掛けると、話しやすいし、後からの編集もしやすくなる。

インタビューする場合も、相手にそのことを伝えて簡単な練習をしておこう。

インタビューを撮る場合

1 撮影手順

インタビューを撮る場合の手順は次の通りです。

①三脚につけた iPhone を、相手の目の高さに立てる

②ピンマイクのテスト撮影をし、再生してみて音声を確かめる

③問題がなければ相手にピンマイクをつける

　※襟元に格好良くピンマイクをつける作業は手間取るので練習をしておこう

④収録を開始する

横から見た位置関係　　　　　　　上から見た位置関係

POINT

AE/AF ロック機能で、相手の顔の明るさを固定しておく

iPhone は被写体に合わせて、自動的にピントや露出を調整する。とても便利だが、インタビューする相手が大きく動くと、明るさが自動的に変化してしまうことがある。

これは気になるので、[AE/AF ロック機能] を使ってピントや露出を固定しておく。

相手の顔など固定したい場所で画面上を長押しすると、[AE/AF ロック] という表示が出て固定される。

また、黄色枠の横に出る太陽マークを上下させると、明るさを調整した上で、固定することも可能。

太陽マークを上に動かすと画面が明るくなる

太陽マークを下に動かすと画面が暗くなる

雑音を避けるその他のテクニック

動画の内容に関係の無い雑音は、撮影の時に絶対に避けなければいけません。

室内の撮影でも隣のビルが工事中ならばひどい録音になりますし、屋外でも人気の

ない静かな公園であればきれいに収録できるかもしれません。

大事なのは、常に「どこかに録音を邪魔する雑音はないか?」という視点で現場を

確認することです。

また、人が多い・少ない、交通量が多い・少ない、というのは時間帯によっても

異なります。自分が撮影しやすいタイミングで撮るのではなく、撮影(録音)に向いて

いるタイミングを狙うことも大事なテクニックの1つです。

POINT

iPhone 本体のマイクの場所を把握しておこう

iPhoneで電話をしていて、相手の声が聞き取りづらかったり、突然くぐもったりしたことがよくある。これは、うっかり本体のマイク部分を手で覆ってしまっていたりしているため。

同じことが、動画の撮影の際も起こる可能性があるので、これを避けるためにも、本体のマイクの位置を知っておこう。

機種によって厳密な配置は異なるが、だいたい下図の3つの場所(面・裏・底)にマイクがある。

3つの注意点

● 手持ちで撮る時など、指や手のひらで覆ってしまわないように注意すること

● 保護フィルムやケースで覆ってしまわないよう、お使いの機種に合ったものを使うこと

● (長く使っている場合)底面のマイクにホコリがたまっていないか確認すること

iPhone のマイクの位
置を確認しておこう

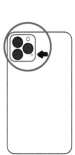

有線イヤホンを使った録音について

AppleStore で購入できる有線イヤホン（EarPods）も、マイクとして使用できます。

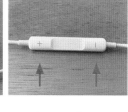

ケーブルの途中についている
ここがマイクになっている

＋－ボタンは、「カメラ」で
使用する時はシャッターにも
なる。ビデオの ON － OFF も

POINT

有線イヤホンを使った録音の向き・不向きについて

【向いているケース】

工場内を、撮影者が自分でしゃべりながら案内する、といった撮影や、編集時にナレーションを後から
収録する場合に重宝する。屋外の撮影向き。

※室内の静かな環境で、スマホの近くで話すなら、有線イヤホンが無くても録音に問題はない。

【不向きなケース】

インタビュー相手を撮る時にも使えるといえば使えるが、相手がイヤホンをつけっぱなしだとテレビの
リポーターみたいに見えてしまう。ビジネス用途ではあまりおすすめできない。また、他人のイヤホン
を使うことを嫌がる人もいる。

過信が事故のもと。録音確認をしっかりと

スマホ機材の中で、録音は特に、「機材があるから大丈夫だろう」という過信が、せっかく撮影した
のに、声が入ってなかった・ほとんど聞こえない、などの事故の元であるケースが多い。

音が録れているかどうかの確認は、必ずしよう。

スマホ撮影のよくある失敗とその避け方

撮影の失敗例とその避け方

撮影の失敗例を挙げます。意識して避けるようにしましょう。

1 自分の影が入ってしまう

小さいものを撮る時、かがみ込むので自分の影が入ってしまうことがあります。また屋外で大きいものを撮る時も、長く伸びた自分の影に注意です。スマホの撮る角度や位置を変えることで、自分の影が映り込まないように撮りましょう。

2 全体を同系色で撮ると、見てほしいものが目立たない

例えば白いものを撮る時は、背景は濃い色の場所を用意します。

 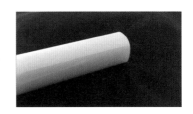

3 いろいろ映っていると、見てほしいものが分かりづらい

画面にいろんなものが映り込んでいると、何を見てほしいのかが分かりづらくなります。広い範囲の景色を撮影するときの注意点がこれです。何を撮っているのかが分からないのです。画面の中に撮りたいものを１つだけ入れることを心掛けます。「１つの画面に１つの要素」です。

4 火や湯気の映像が見えにくい

火や湯気などを撮るときは、撮影者のいる場所は明るく、撮影対象（火や湯気など）の背後が暗い場所を探します。背景に黒い壁があってもいいですね。

火や湯気などは、あっという間に消えてしまう場合もあるので「カメラ」の［スロー］で撮影してみるのもいいです。ぜひ試してみてください。粉じんなどを撮影する場合も同様です。

5 ガラス、窓などを撮ると光が反射してしまう

スマホの角度を変えて、映り込むことを避けられるアングルを探します。透明なガラスなどを撮影する場合は、ガラスの背景に真っ白ではなく色のついたシートを使うのも1つの方法です。反射面を撮る時は、撮影前に布などできれいに磨いておきます。

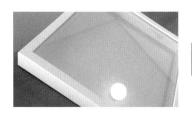

POINT

iPad も、iPhone とテクニックは同じ

両者の大きな違いはサイズだけ。スマホホルダーと同じく、iPad ホルダーを用意すれば、あとは本書の情報はほぼそのまま使える。

最近では iPad を授業で使っている学校も多く、動画作成の授業もさかんに行われている。本書をぜひ参考にしてほしい。

iPhone での撮影テクニック上級編

撮り方の工夫でこれだけ変わる

その他の撮影テクニックをまとめて紹介します。

1 背景をボカして撮る

背景がボケた映像はかっこいい！ これを実現するためには、手前の被写体とスマホを近づけ、背景との距離が離れていればいいのです。iPhone の画面で手前の被写体をタップすると、そこにピントが合い背景がボケます。

iPhone の画面で手前の被写体をタップしてピントを合わせると、背景がボケる

2 レンズに光を意図的に入れる

逆光気味に撮影して、意図的に光を入れると、画面の中に光の筋が入ってきて神々しくなります。

POINT

スマホのカメラ機能で太陽を直接撮影するのは避ける

目を痛めるのと、減光対策をしないでカメラを太陽に直接向けるとカメラ内部のセンサーが破損してしまうことがある。

③ サイド光を意図的に利用する

被写体の凹凸を強調するために、サイド光を使うといいでしょう。立体感や
複雑な形状を表現するのに向いた撮り方です。

均一に光が当たっていて平面的な映像　　　　　　一方向からの光により凹凸が強調された
映像

④ 製品を並べて撮る

デジタル機器や部品、工具類など、数多くのものを一度に紹介する場合など、
部品類の縦横をそろえて並べると、見やすい動画になります。
その際、背景には、木目調のシートなどを敷くと雰囲気が出ます。
商品を置いて撮る場合は、背景にも注意を払いましょう。

縦横をそろえておくと、ごちゃごちゃしないで、見やすい映像が撮れる

レンズを装着して撮影の幅を広げる

クリップ式の外付けレンズは、一式持っていると便利に使えます。なお、これらのレンズは実装されている機種もあります。（iPhone 13以降など）

1 狭い場所での撮影にはワイコンレンズ[広角]を使う

狭い場所だと、撮りたいものとスマホの距離が近すぎて、画面内に入りきらないこともあります。そんな場合にワイドレンズ（広角レンズ）を使うと、狭い場所でも広い範囲の撮影ができて便利です。※画面の端の方が少しゆがみます。

ワイコンレンズなし

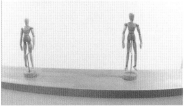
ワイコンレンズ有り

2 超どアップ撮影にはマクロレンズを使う

被写体にiPhoneを近づけて撮ると、印象的な映像になります。ただ、あまり近づけ過ぎると焦点が合わないことがあります。そんな時は、被写体を大きく映すことのできるマクロレンズを使います。超どアップの撮影ができます。

通常撮影

マクロレンズを装着

マクロレンズなし

マクロレンズ有り

設定を変えて撮影の幅を広げる

iPhone の機種によっては、外付けレンズを使わなくても、実装されているレンズをパパッと切り替えて、さまざまな撮り方ができるようになりました。

通常撮影［1×］

ビデオ撮影の標準状態

マクロ［接写］撮影

被写体に接写できる。

「設定」-「カメラ」-［マクロ自動コントロール］をオンにすれば、被写体に寄っても自動でマクロ撮影モードにはならず、マクロ撮影するか手動で選べる。お花マークが表示されるのでタップでオフに

広角撮影

狭い場所でも広々と撮れる

望遠撮影

遠くもしっかり撮れる

便利な機能で撮影の幅を広げる

iPhone の機能を使って、こんな撮影も可能になります。

1 コマ撮り撮影は、リモコンシャッター&三脚で

クレイアニメなどでなじみが深い「コマ撮り」は、カメラを固定し、被写体を少しずつ動かしながら連続で写真撮影し、再生するとそれがあたかも自分で動いているかのように撮れる手法です。この動画も iPhone で作ることができます。

画面を何度も繰り返しタップして撮るので、iPhone 本体が動いてしまう危険性があります。これを避ける方法として、三脚などにしっかりと iPhone を固定した上で、リモコンシャッターを使って繰り返し撮っていきます。

スマホは固定し、被写体を少しずつ動かしながら連続で写真撮影

POINT

「コマ撮り」ができるアプリ　Stop Motion Studio

iPhone で写真撮影をして、iMovie で仕上げることもできるが、使いやすいアプリも数多く出ているので、「コマ撮り」で検索を。

リモコンシャッター

100円ショップでも購入できる。購入の前には、使用するスマホと適合しているかどうかを必ずチェック！また、リモコンシャッターは Bluetooth 接続になる。使い方については購入時の説明書で確認を。

② iPhone 操作を動画でキャプチャーする［画面収録］

iPhone の［画面収録］（画面操作を動画で保存できる機能）を使ってみましょう。
アプリの PR 動画などで活用できます。

① ［設定］－［コントロールセンター］で、［コントロールを追加］から［画面収録］の＋をタップ。［含まれているコントロール］に表示される

② 画面右上から下にスワイプし、コントロールセンターを開く（アイコンの並び位置はユーザーの設定によって異なる）

③ 録画アイコンを押すと3秒のカウントダウンのあと録画が始まる

④ 音声を同時録音する場合は、③の録画アイコンを長押しして左の画面を表示。［マイク］をタップし［マイクオン］にして、［収録を開始］をタップ。3秒のカウントダウンの後、録画が始まるので、画面をタップし、コントロールセンターに戻る

⑤ 画面を操作して収録を始める

⑥ 停止する場合は、コントロールセンターを開いて赤い録画アイコンをタップ。または画面上端の赤いステータスバーをタップし、「画面収録を停止しますか？」と表示が出るので［停止］をタップする

⑦ 画面収録ビデオは、「写真」に保存される

人気の「アナログトランジション」はこう撮ろう

トランジション（場面の移り変わり）は、動画編集アプリでもいろいろな機能がついていますが、アナログな手法でもいろんな表現ができます。

これが今、SNSの縦型ショート動画などで流行っています。似た映像が重なる瞬間で、2つの映像をつなげるだけ。パッと全く違う場面に変化することで、映像に勢いがつく効果があります。工夫次第で表現は無限大です。ぜひ試してみましょう。

※なお、トランジションの名称は、すべて著者が勝手に命名しているものです。

「泡トランジション」……泡を使って場面を切り替える

「葉っぱトランジション」……葉を使って場面を切り替える

POINT

アイデア次第で面白みが広がる「アナログトランジション」

ここで紹介した以外にも、壁トランジション（カメラを横に動かし壁のアップ、また壁からカメラが同じ方向に移動すると別の場所）、空トランジション（空にカメラを向け、カメラを下ろすと違う場所）なども手軽でオススメ。木トランジション、手のひらトランジションもいいし、バッグや手帳など小物を使ってもできそう。

POINT

パソコンの画面をスマホで撮影するとモアレが気になる。その対策は?

パソコンの画面を動画で保存したいとき、基本的にはパソコンソフトで画面録画をするのがオススメだが、スマホでビデオ撮影することもある。しかし、撮ってみると画面上にうねうねした模様（モアレ）が現れてとても見づらくなってしまう。これを避けるためには、下記のような撮影・編集方法がある。

1）スマホを少し傾けて撮る

　　この方法は、映像が斜めになってしまうので、「写真」アプリの［編集］－［トリミング］で、傾きを補正する。

2）スマホを画面から離して撮る

　　この方法は、パソコン画面が小さくなってしまうので、「写真」アプリの［編集］－［トリミング］で画像を拡大する。拡大はiMovieなど編集アプリでもできる。

撮る人、撮られる人が、今すぐできる準備のポイント

「撮影時間はできるだけ短く、しかも効果的な動画を作りたい」。そのために重要なのが事前準備。

「撮る人」と「撮られる人」が、今すぐできる事前準備をまとめたので参考にしてほしい。

【撮る人は?】

・お店などで撮る時は、必ず許可をもらう。

・来店している他のお客さんを映さないなどの配慮も必須。

・ウェブページなどで、事前に撮影先の基本情報を把握しておく。

・相手が答えやすい質問を工夫する。

　　（例）　「お店の中で一番気に入っているところは?」

　　　　　「1日の中でホッとする瞬間は?」

　　　　　「開店初日はどんな気持ちでしたか?」

　　　　　「この機能を思いついたきっかけは?」など。

【撮られる人は?】

・一瞬で「それ!」と分かる服装や場所で。

・看板やロゴ入りPOP、手書きボードなどを有効活用する。

　特に、「会社名（店名）」と「電話番号」はセットで分かりやすく表示しておこう。

飲食店やショップでは、テーブルの横など、お客さんの目につきやすいところに、「店名＋電話番号」を分かりやすく書いたショップカードなどを貼っておけば、シェアしてもらいやすい

講座3

動画の企画と構成

動画で「企画」と「構成」はセット。
企画書や構成例はそのまま使えるテンプ
レートで、具体例を挙げて解説。
企画のポイントも詳しく説明しています。

※本書では、長くても3分程度の動画を想定し
ています。

3-1 動画の企画書テンプレート

動画の企画書と構成はセットで考えます。ここでは、さくっと作れる企画書とその書き方、基本的な構成を紹介します。初めてでもあてはめるだけで動画が作れるように、テンプレートを用意しました。

心得・1つの動画で伝えたいことは1つに絞る

「これも必要だ」「これは言いたい」……足し算で企画していくと、動画は長くなる一方。見る人は、「ポイントだけ絞ってパッと知りたい」もの。「作り手が伝えたいこと」ではなく、「相手が知りたいこと」にポイントを絞りましょう。

1 伝え方を決めれば、動画の長さも決まる

伝え方は大きく分けると次の2種類から選ぶといいでしょう。

①パッと目を引く

②しっかりと伝える

伝え方が決まれば、その動画の長さも決まってきます。

① パッと目を引く動画は15秒

例えば製品を知ってもらうための動画です。テレビCMも15秒ですね。長くても30秒以内に収めることを意識します。

② しっかりと伝える動画は1〜3分

使い方を具体的に伝えるような動画です。興味を持った人は、詳細を知りたいもの。必要な情報だけを数分にまとめましょう。

POINT

社長インタビューは長くなりがち。一問一答の企画を

社長コメントなどインタビューを撮影する場合、自由に話してもらってから、その中からいい部分を使う、という方法はあまりおすすめできない。編集も大変、全体の動画も長くなりがち。撮影前に、何のためにインタビューをするのか、どういうポイントを話してもらうのかを絞ってから撮影に臨もう。企画段階で「一問一答」があると、インタビューに答える人も気が楽になる。

動画の企画書

企画書は、内容や目的を明確にできる、社内の意思統一を図ることができる、動画の内容についての報告や、上司からの指導が曖昧にならないなどとても重要な意味を持ちます。ただ、企画書ばかりに時間をかけていると先に進まないので、ここはテンプレートに沿ってさくっと進めていきましょう。

動画の企画書テンプレート	
① 伝える内容	**何を伝えたいのかを考える** →料理の作り方、セミナー案内など
② ターゲット	**誰に伝えたいのかを具体的に考える** →航空業界に関心がある就活生、スマホの購入を検討しているシニア等
③ 求める結果	**ターゲットにしてもらいたい行動や効果を考える** →就活セミナーへの応募、商品の購入、授業の理解、観光地へ来客等
④ 公開場所	**動画の公開場所を考える** →ウェブページ、YouTube、Facebook、Twitter、Instagram など
⑤ 動画構成	**どんな動画素材をどの順番で使うのかを考える** →『動画構成の基本パターン』で解説
⑥ 何をどう撮るか	**動画構成に沿って、「何を撮るか」「どう撮るか」「どんなテロップ（動画に入れるテキスト）を入れるか」を考える** →企画段階で、何を入れ、何を入れないか、という取捨選択がしっかりとできていると撮影がスムーズに進む。あとで、「順番が違う」「この工程が足らない」「この素材も使う」とならないように企画する
⑦ タイトル	**タイトルを考える** →見たくなる、読んだだけで内容が分かる、何の動画なのか、似た動画と何が違うのかなどを明確に伝えるようなタイトルをつける
⑧ 誘導	**動画を見た後、視聴者に起こしてもらいたいアクションを示す** →手段を1つに絞って紹介するのがポイント ・「是非お問い合わせください」→メールアドレスを書く ・「こちらからお申し込みください」→ URL を書く ・「ご相談はお電話で」→電話番号を書く　等

3-2 動画の構成テンプレート

動画は複数のビデオの組み合わせ（構成）でできています。無限とも思えるほど考えられる編集パターンですが、初めての方は次の鉄板構成例に当てはめて動画を作ってみてください。中身を入れ替えるだけで応用できます。

1 作り方を紹介する動画の構成例 (パターン①)

料理の作り方や製品の組み立てなど、作り方や使い方を紹介していくときは、ビデオを順番につないでいきます。

2 セミナーなどへの参加募集動画の構成例 (パターン②)

オンラインセミナーなどへの参加を呼びかける動画は、「参加したい！」「これは役に立つ！」と思ってもらえるような特徴をつないでいくといいでしょう。

3 製品を紹介する動画の構成例 (パターン③)

新たに開発した製品などを紹介し、購入してもらう動画は、他の製品と異なる機能を分かりやすくビデオに撮り、つないでいくといいでしょう。

4 企業の求人動画の構成例 (パターン④)

求人対象となる人たちが何に興味関心があるのかを考え、会社ならではの特徴をつないでいきます。採用形態ごとに複数の動画を作ってもいいでしょう。

3-3 | 動画のよくある構成と企画例

3-2で紹介した「動画の構成テンプレート」に沿って、具体的な企画例を紹介します。ぜひ、参考にしてみてください。

作り方を紹介する動画の企画例

料理の作り方や製品の組み立て方などは、ササッと短時間で分かるショート動画が効果的です。

料理の作り方動画で自社商品「●●」を購入してもらう	
① 伝える内容	自社の商品「●●」を使って、簡単にできる炒飯の作り方を伝える
② ターゲット	一人暮らしの学生や若者
③ 求める結果	自社の商品「●●」を買ってもらう。自炊で使ってもらう
④ 公開場所	Facebook、Twitter、Instagram
⑤ 動画構成	パターン①作り方を紹介する動画の構成例に沿って

⑥ 何をどう撮るか

構　成	内　容	テロップ
必要なもの	必要な道具、具材、調味料（自社商品）	名前
順番1	油を入れ刻んだねぎを炒める	ねぎをしんなり
順番2	フライパンに溶き卵を回し入れ炒める	溶き卵投入
順番3	ご飯を入れて炒める	ご飯を入れて
順番4	調味料（自社商品●●）で味を調える	ここで●●
完成形	お皿に盛りつけた炒飯	絶品炒飯

⑦ タイトル	「●●式 極旨炒飯の作り方」 「フライパンと玉子だけ！簡単炒飯」
⑧ 誘導	続きはこちら　QRコードでウェブに誘導

セミナーなどへの参加募集動画の企画例

参加を呼びかける動画は、ターゲットに「これは役に立つ」「楽しそう」と思ってもらえる特徴（セミナーのウリ）をしっかりと伝えましょう。

ワークショップの内容を伝える動画で参加申し込みをしてもらう	
① 伝える内容	映画制作ワークショップの内容を伝える
② ターゲット	映画制作の初心者
③ 求める結果	映画制作ワークショップに参加してもらう
④ 公開場所	自社ウェブページ
⑤ 動画構成	パターン②「セミナーなどへの参加募集動画の構成例」に沿って。「サービス内容」の告知→「特徴」（他には無いような独自のウリ）の紹介→最後に「申し込みに誘導」とつないでいく
⑥ 何をどう撮るか	ターゲットが「申し込みたくなる要素は何か」を考え特徴としてつなぎ、最後に「申し込む人の背中を押すような素材は何か」を考え「申し込み」に盛り込んだ

構　成	内　容	テロップ
サービス内容	楽しそうに撮影しているようす	サービス名
特徴1	みんなで企画を話し合っているようす	みんなで企画
特徴2	屋外で撮影しているようす	撮影も学ぶ
特徴3	みんなが編集しているようす	iMovie で編集
特徴4	上映して楽しんでいるようす	気分はプロ監督
申し込み	講師陣が並んで笑顔のようす	あなたも一緒に

⑦ タイトル	初心者向け映画制作ワークショップ○月○日（○）開催
⑧ 誘導	ぜひこちらからお申し込みください（URL）

製品を紹介する動画の企画例

製品を紹介する動画は、他の製品と異なる機能を分かりやすく紹介しましょう。
ただ、無機質にならないように人を登場させるなどの工夫も考えましょう。

講座
3

動画の企画と構成

製品を紹介する動画で自社の新機器を購入してもらう	
① 伝える内容	オフィス向け清掃機器を紹介する
② ターゲット	法人
③ 求める結果	機器を購入してもらう
④ 公開場所	自社ウェブページと YouTube
⑤ 動画構成	パターン③「製品を紹介する動画の構成例」に沿って。 「製品名」の告知→「機能」（他には無いような独自のウリ）の紹介→ 最後に「カタログ請求に誘導」とつないでいく
⑥ 何をどう撮るか	冒頭の「製品名」では、ただ無機質な製品が置いてあるだけでは味気ないので若い人が使っているようすを撮る。また最後の「カタログ請求」では購入できる製品一式の全貌を見せるなどの工夫を考えた

構　成	内　容	テロップ
製品名	若手社員が楽しそうに清掃機器を使うようす	製品名
機能1	タイル床を清掃するようす（取付具のアップ）	清掃ラクラク
機能2	階段を清掃するようす（取付具のアップ）	階段も軽々
機能3	天井を清掃するようす（取付具のアップ）	ノズルが伸びる
機能4	狭い場所を清掃するようす（取付具のアップ）	コンパクト
カタログ請求	清掃機器のセット一式	カタログ請求を

⑦ タイトル	どこでも誰でもカンタン清掃〇〇〇〇
⑧ 誘導	こちらからご請求ください（URL）

企業の求人動画の企画例

求人動画のように募集内容ごとにターゲットが異なる場合は、1本で全てを紹介すると長くなってしまう。目的別に短めの動画を作るとさらに効果的。

企業の求人動画で採用ページにアクセスしてもらう	
① 伝える内容	会社の内容を伝える
② ターゲット	学生（または、転職希望者）
③ 求める結果	求人に応募してもらう
④ 公開場所	自社ウェブページ
⑤ 動画構成	パターン④「企業の求人動画の構成例」に沿って。 「特徴」ごとに複数撮影し、つないでいく。これによって、より詳しく説明できる
⑥ 何をどう撮るか	紹介する各項目の数は統一すると見やすい。製品だけでなく社員が打ち合わせしているようすなど人を登場させると動画に温かみが出る。「新卒」「エンジニア中途採用」など目的別に複数の動画を作ってもよい

構　成	内　容			テロップ
企業ロゴ	キャッチコピー 会社名			会社名
特徴1 立地	付近1	付近2	付近3	○○駅から直結
特徴2 業務内容	製品1	製品2	製品3	国内シェア15％
特徴3 社員紹介	社員1	社員2	社員3	入社3年目で製品開発
特徴4 社内様子	様子1	様子2	様子3	食堂はシェフランチ
会社URL	ウェブURL			採用ページはこちら

⑦ タイトル	○○社 会社説明会　○月○日（○）
⑧ 誘導	ぜひこちらからご応募ください（URL）

3-4 複数のカットをつなぐ構成例

これまでに紹介した基本的なパターンに加え、よくある構成例を紹介します。
参考にしてみてください。

使い方を順番に見せていく構成例

器具の使い方や、「作り方」などのノウハウ動画を作るときには、そのステップを
順番に並べるといいでしょう。
ここでは、最初に何をするかを伝えた上で、設置方法を順番に並べていきます。

オープニング
「ミニプロジェクター設置方法」
全体を見せる

内容1
三脚に設置

内容2
HDMI ケーブルを接続

内容3
もう一端をコネクタに接続

内容4
コネクタを iPhone に接続

締め：ホームページに誘導
詳しい商品情報は
●●のホームページをご覧ください

ノウハウ動画を作る構成例

イラストの描き方を伝えるようなノウハウ動画は、描き方を順番に並べていきます。少しカスタマイズすると、各ステップに「どの文房具を手に取るか」というビデオを加えることで、より分かりやすい動画になります。

通常の構成 ➡ **カスタマイズ構成**

少しビデオを加える

オープニング

内容1-1

鉛筆を手に取る

内容1：描き方1

内容2-1

ペンを手に取る

内容2：描き方2

内容3-1

消しゴムを手に取る

内容3：描き方3

締め

ブランドロゴや URL

何ができるかを並べて商品を PR する構成例

特徴を列挙するパターンです。機能やウリを並べて商品を紹介したり、ブースや
雰囲気を並べてイベントを紹介したりといった動画になります。

商品をPRする場合には、視聴者が実際にやりそうな使い方を並べると効果的。

オープニングタイトル

内容1：できること1

内容2：できること2

内容3：できること3

内容4：できること4

締め：商品ページに誘導

会社を紹介する構成例

列挙する項目について、同じ目的の違うビデオを追加することで、動画自体の情報ボリュームが増えていく。カスタマイズ例を会社紹介の動画で紹介します。

 **オープニング：企業ロゴ**

内容1：紹介ポイント1　アクセス・立地・外観

内容2：紹介ポイント2　事業内容・サービス紹介

  **内容3：紹介ポイント3**

社内の雰囲気

 **内容4：紹介ポイント4**

働く人のインタビュー

 **締め**

ブランドロゴと会社 URL

3-5 動画企画のポイント

ここでは、動画企画に役立つ考え方、ポイントについて解説していきます。

動画の公開場所や数を考える

動画の公開方法と伝え方はリンクしているので同時に考えます。公開場所によって、そこで動画を見る人の行動が異なります。「長くじっと見るのか、パッとしか見ないか」「音は聞くか、聞かないか」「文字をじっくり読むか、読み飛ばすか」などです。

1 パッと目を引く公開方法

● Facebook など SNS：短い動画を発信して印象に残す
● チラシなど印刷物に QR コード：動画にアクセスしてもらう
● 展示会ブース：足を止めてもらう

2 しっかりと伝える公開方法

● YouTube：例）ミニ動画講座を発信する
● ブログ：例）店舗の紹介動画を発信する
● 製品販売ウェブページ：例）詳細を動画でアピールする
● タブレット：例）営業マンが打ち合わせで動画を見せる

3 小分けにして複数の動画を作る

内容によって長くなってしまうようなら、特徴ごとに小分けにして動画を作ります。見る人は見たいものだけを選べます。

4 連続ものにしてブランディングを図る

「今回は○○について解説します」としてミニ講座をシリーズにしてアップし続ける。

「今日の○○店」と銘打って定期的に公開する。例えば建築物ができあがっていくようすを公開していってもいいでしょう。連続もののいいところは、継続して見てもらえる、さかのぼって見てもらえる、という点です。

動画で伝えたい特徴を言語化し絞り込む

あれもこれも全部魅力、全部スゴイ！では逆に伝わりません。次のような方法で、伝えたいことを絞り込んでいきます。

1 動画で伝えたいことを言語化する

一般的に、私たちは動画という視覚的なものを表現することには不慣れです。ですから「これをどう撮ったらどう伝わるのか」といったアイデアが浮かびません。そこで、私たちが慣れている「言葉で表現する作業」（言語化）を行うと、動画の企画が具体的に進み始めます。

【言語化の例】

- ●小学生でも簡単に組み立てられる
- ●大型車両にも取りつけられる
- ●初めてでも楽しく参加できる
- ●とにかく誠実に対応している

2 他と違う部分のみに絞る

動画を見る人が知りたいのは、「ところで、類似商品と何が違うの?」です。誰でも知っていること、他と違わない部分は、特にアピールする必要はありません。伝えることは、他と違う部分や特徴的なものだけに絞り込みます。

【絞り込むポイントは現場の営業担当が知っている】

現場でお客さんと接している営業担当者は、商品やサービスの価値を知っています。

「この言葉が刺さるんだよ」という表現を知っていたり、「いつもお客さんはここに反応する」という商品の魅力を知っています。動画を作る時はそれらがとても参考になります。

撮るものをリストアップし 構成や撮り方を決める

1 撮るものをリストアップする

例えば、「簡単に扱える」という特徴を伝えるために言語化してみると、次のようになりました。

【「簡単に扱える」を言語化してみた】

●工程が少なく完成できる

●早く組み立て終わる

●小学生でも組み立てられる

●工具を使わず手だけで組み立てられる

これらのようすを「撮るもの」としてリストアップしました。

2 動画の構成を決め、どう撮るかを考える

これまでに紹介してきた構成例を参考に組み立てていきます。

動画を作るときは、動画の構成を決めてから、必要な動画素材を集めていくというやり方がベストです。とりあえず動画素材を集めてから、後でそれらをどう編集するのか考える、という方法はある程度の慣れとスキルが求められるため難しいのです。構成を決めたら、どう撮れば伝わるかを考えます。

POINT

［撮る場所］［必要な登場人物］［必要なもの］は?

「撮るもの」と、「撮る場所」「必要な登場人物」「必要なもの」を考えるのはセット。

例えば、テントを紹介して、「工程が少なく完成できる」という意図を伝える動画を作る場合、完成までの工程を撮るためには、次のような「撮る場所」「必要な登場人物」「必要なもの」が必要となる。

●撮る場所：(その製品を使うであろう) 一般的なキャンプ場

●必要な登場人物：(ターゲット層である) 家族風の4人を撮る、アウトドア衣装を着てもらう

●必要なもの：テント・テント以外のアウトドアグッズ

撮影スケジュールや経費などを考え、実現可能か同かを考えよう。

講座 3
動画の企画と構成

タイトルをつける

動画を見てもらえるかどうかを左右するタイトルはとっても重要です。ここでは3つのポイントに絞って解説します。

1 「検索されそうなキーワード」を入れる

お客さんからよく聞かれる質問や、よく検索される表現を使いましょう。
例）「ジョギングにぴったり！GPS付き腕時計の凄いとこ」

2 「どんな情報が得られるか」が想像できる

動画を見たらどんな情報が得られるかを想像できるタイトルをつけることで、見てみようかな、と思ってもらえます。
例）「○○で困った時の裏技」「○○だけがハッキリ違う3つの点」

3 動画ならではの「メリット」を盛り込む

「雰囲気や感情が伝わること」と「時間の短縮」が動画のメリットです。

これをタイトルに盛り込みましょう。
例）「○○パン店：こね方のこだわりを語り尽くす」
例）「○○の取り付け方が30秒で分かる動画」

POINT

「絶対うまくいくタイトル」なんて誰も分からない

動画を見てもらえるかどうかは、タイトル次第と言われるほど重要。でも、「絶対うまくいくタイトル」なんて誰も分からないもの。動画をいくつも作り、いろいろ試してみて、アクセス数や実際の効果を確認しながら、「鉄板タイトル」を見つけていこう。

動画を見た後の誘導先

ビジネス動画は、「どう使うか」も同時に考えます。動画を見た後に、「どうして
もらいたいのか」を考えて企画し、動画には誘導方法を表示します。

1 具体的に誘導する場合

動画の最後に、誘導先を具体的に表示します。

- ●製品に興味を持って販売ページにアクセスしてもらう→ URL
- ●販売ページで動画を見て購入を決意してもらう→メールアドレス
- ●お店に問い合わせ電話をしてもらう→電話番号
- ●興味を持ってメールマガジンに登録してもらう→登録方法

2 ブランディングの場合

動画の最後を、ロゴマークやキャッチコピーで締めます。

ただその場合も、ホームページなどの URL も記載するといいでしょう。

POINT

ブランディングは数で勝負する

大企業のテレビ CM ですら、繰り返し何度も見てもらって、企業名や製品の情報を刷り込んでいる
時代。ブランディングは、短い動画をいくつも作り数で攻めよう。つまり、企画段階から「たくさん
作る」ことを視野に入れておこう。

また、細分化して発信することで、アクセス数の違いを確認し、「どの内容が人気があるのか」「どの
部分が必要とされているのか」を把握できるという利点もある。

「うちはすごいアピールポイントとか無いので…」

圧倒的な差別化のポイントや新しい機能があるなら困らない。でも、そうじゃない（と感じる）ことだって多い。そんな場合は次のようなことを考えてみよう。

① 人をアピールする

機能が同じでも、人が登場すると動画は個性的になる。

例）機能の1つ1つを実際の社員が解説する動画

② 行動をアピールする

どの会社やお店にも、毎日やっていること、こだわっていることなどがあるはず。

それらを動画に撮り、その際に数値を入れると具体的にイメージしてもらえて効果的。

例）「弊社の敷地には50種類の木が植えられています。1本1本、歴代の代表が選んで植樹しました」

「毎日2回の工場の点検を欠かしません。点検リストは43項目になります」

③ 思いを伝える

商品を開発したからには、「その商品を使って解決したい課題」があるはず。開発のきっかけのエピソード、開発の紆余曲折を話してみては。

④ 使い方の提案をする

一度自社の製品から離れ、一般的な製品を使うコツやアイデアをいくつか発信するというのもアリ。ノウハウ・アイデアはいつだって喜ばれ、信頼を得られ新たなファンが増える。

講座 4

動画編集
iMovie のすべて

撮影素材が集まったら次は編集作業です。編集は無駄なく分かりやすく伝えるために行います。必要ないところや失敗した部分を取り除き必要な順番に並べ、場合によってはタイトル（テロップ）を入れて分かりやすくします。ここでは Apple 製品に標準で搭載されているビデオ編集アプリ「iMovie」で編集方法を解説します。

他の動画編集アプリにも応用できるテクニック満載です。

 このマークがある機材は、
100円ショップで購入で
きることもあります。

4-1 | iMovie で動画編集を体験してみよう

iMovie は本格的な動画を iPhone で簡単に作成できる編集アプリです。ここでは、撮影・編集を体験しながら学んでいきましょう。

制作の流れと準備するもの

作例として、【イラストを描くようすを iPhone の「カメラ」でビデオ撮影し、iMovie で編集する】という工程で説明していきます。

※事前に iMovie を App Store からダウンロードしてください。

【練習　イラストを描くようすをビデオ撮影し iMovie で編集してみた】	
工　程	内　　容
企　画	イラストを描くようすを iPhone でビデオ撮影し、iMovie で編集する ※動画は1人で作る
準　備	必要なものを準備する ・iPhone ・ミニ三脚＋スマホホルダー ¥100 ・イラストを描く用紙 　（右ページにサンプル） ・筆記具 ・iMovie アプリ
撮　影	iPhone の「カメラ」でビデオ撮影する。両手を使う撮影を1人でするので、三脚で iPhone を固定する
編　集	iMovie を使って編集し、動画ファイルとして書き出す

【撮影体験用サンプルイラスト】

[**使い方**] イラストを太めのペンでなぞり書きし、そのようすを撮影します。

描きながら文字を読めば音声も同時にとれます。

とっても悲しいです

元気にいきましょう！

わたし、怒ってます！

そんなはずじゃあ〜

iPhone で撮影してみよう

iPhone でビデオ撮影をします。

1 iPhone を三脚に取りつける

iPhone を安定させるために、三脚に取り
つけます。

2 [機内モード] を ON に

撮影中に電話がかかってきたりメッセージなど
の通知が入るのを避けるため、大事なビデオ
撮影の時は撮影前に「設定」ー[機内モード]
ON にしておけば安心。
[機内モード] を ON にすると、スマホの通信
機能だけを OFF にできます。

3 「カメラ」を起動し、[ビデオ] に切り替える

① 「カメラ」をタップ
　して起動する

② 画面をスワイプする

③ [ビデオ] に切り替える

4 カメラ位置を決める

イラストを描くようすを1人で撮ります。手元のようすが全部映るように、iPhone の画面を見ながらカメラを設置する場所を決めます。

5 撮影（録画の開始と停止）

［録画ボタン］をタップして録画を開始。イラストを描くようすを撮影。描き終わったら、再度［録画ボタン］をタップして録画を終了します。ビデオは、「写真」に保存されます。

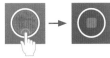 ① 録画の開始：ビデオの［録画ボタン］をタップし、録画を開始する

 ② 撮影：イラストを描く。同時にサンプルイラストの文字を、声に出して読んでみよう。このようすを撮影する

 ③ 録画の終了：描き終わったら、［録画ボタン］を再度タップして、録画を終了する

 ④ 保存：撮影したビデオは、「写真」に保存される

iMovie で編集してみよう

Apple 製品に標準で搭載されているビデオ編集アプリ iMovie で編集します。
iMovie は、①起動 ②ビデオや写真の取り込み ③クリップのトリミング（分割、
切り離す、複製、削除など）④並べ替え ⑤タイトル（テロップ）の追加 ⑥オーディオ
（音楽）の追加 ⑦ファイルの書き出し という流れで編集します。
ここでは基本的な編集方法について説明していきます。

1 iMovie を起動する

①iMovie のアイコン
をタップしてアプリ
を起動する

②- 1

［プロジェクト］が開く。初
めて立ち上げると ［マジック
ムービー］［ストーリーボード］
［ムービー］が表示される

ここでは、［ムービー］をタッ
プし、新規プロジェクトを
開始する

②- 1

③ビデオや写真を読み込む
画面が表示される

③

②- 2

新規プロジェクトを開始

②- 2

POINT

**本書では、
すべて［ムービー］で説明**

どの編集アプリも基本的な操作方法
は同じ。iMovie の［ムービー］で
操作方法をマスターしておけば、他
のアプリにも応用できる。

②- 2

　2回目の立ち上げ以降
は［新規プロジェクト
を開始］をタップして、
［マジックムービー］［ス
トーリーボード］［ムー
ビー］の画面を表示

② ビデオや写真を取り込む

① ビデオや写真などが
表示されている場所が
開いたら、追加したい
ビデオや写真をタップ
して選択（複数選択
可能）。再度タップする
と選択がはずれる

② ［ムービーを作成］
をタップ

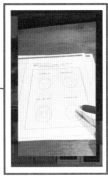

POINT
サムネイルの長押しで 内容確認
ビデオのプレビュー再生、写真
の拡大表示ができる。

iMovie の編集画面

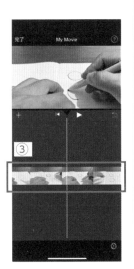

③ 取り込みが完了すると
選択した素材がタイ
ムラインに並べられた
状態で表示される

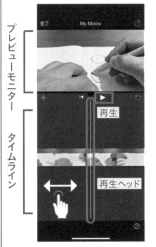

タイムラインは指で左右にドラッグできる。［再生ヘッド］（真ん中にある白いバー）の部分がプレビューモニターに表示される

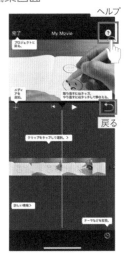

POINT
間違えたら やり直し、
困ったら ? ヘルプを！

3 ビデオクリップの前後、不要な部分をカット

ビデオクリップのはじめとおわりの不要な部分をカットします。再生してプレビューモニターで確認しながらカットします。

編集画面は横にもできますが、ここではこのまま縦画面で操作説明を続けます。

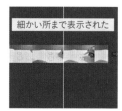

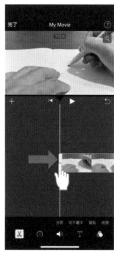

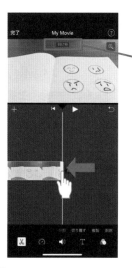

① ビデオクリップをタップして選択（黄色くハイライト表示される）。プレビューモニターで確認しながら、必要な部分まで開始位置を右へドラッグする。それ以前の動画は再生されない。開始位置を左へドラッグして戻すこともできる

② 同様にして終了位置を決める。必要な部分まで終了位置を左へドラッグして短くする。それ以降の動画は再生されない。

開始位置を右へドラッグして戻すこともできる

4 タイトルを入れる

一般的に「タイトル」「テロップ（字幕）」と呼ばれるテキストを、iMovie では
すべて［タイトル］と表現します。スマホ版 iMovie では、1つのクリップに挿入
できるテキストは1種類です。$\boxed{T}$ をタップして入力していきましょう。

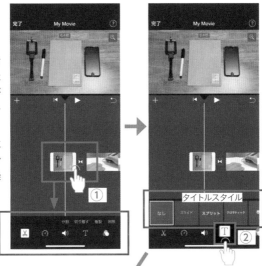

① ビデオクリップを
タップ。選択した
クリップの周りが
黄色くハイライト
表示される

その状態で下部に
表示されるボタン
（インスペクタ）の操
作ができる

インスペクタ

② $\boxed{T}$ をタップ
タイトルスタイル
が表示される

講座
4

動画編集 iMovieのすべて

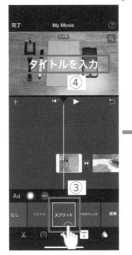

③ ここでは［スプリッ
ト］を選択

④ プレビューモニ
ター表示が［タイト
ルを入力］となる

⑤［タイトルを入力］
をタップする

⑥［編集］［削除］
と表示されるので、
［編集］をタップ
する

次
頁
⑦
へ

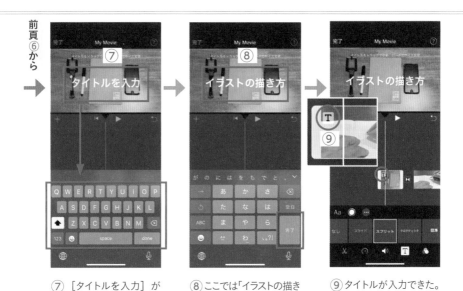

前頁⑥から

⑦ ［タイトルを入力］が
　 選択され、キーボード
　 が表示される

⑧ ここでは「イラストの描き
　 方」と入力し、キーボー
　 ドの［完了］タップ

⑨ タイトルが入力できた。
　 クリップに小さく Ⓣ が
　 表示されている

5 タイトルの位置移動、拡大・縮小

　［タイトル］は、ドラッグで移動、［ピンチイン］で縮小、［ピンチアウト］で
拡大できます。

［タイトル］通常の位置

［タイトル］をドラッグで
移動

［ピンチイン］で縮小、
［ピンチアウト］で拡大

6 タイトルを修飾する

[タイトル] をタップすると、左下にボタンが表示され修飾できます。

```
[1] フォント          [3]
を変更できる          オプション
[2] カラーを変更できる
```

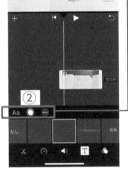

① [タイトル] をタップする

② 左下にボタンが表示される

[1] フォントを変更

[フォント]をタップし、表示されたフォント一覧から好みのフォントをタップ

[2] カラーを変更

[カラー]をタップし、表示されるカラーチャートで好みの色をタップ

カラーチャートには、[グリッド][スペクトラム][スライダ]があるので、使いやすいチャートを使ってみて

POINT

タイトルの種類は、そろえた方が見やすい動画に

動画を作っていると、編集アプリにはいろいろな種類のタイトルが用意されている。あれもこれも使いたくなるが、そこはがまんして使うのは1つの動画で1種類にそろえた方が見やすくなる。タイトルの種類がコロコロ変わると内容に集中できない。

[3]「オプション」でのタイトル修飾

[オプション] - [スタイル] - [デフォルト]
※タイトルが定位置に表示されるので統一感のある動画になる

[オプション] - [スタイル] - [下3分の1]

[オプション]
-[大文字] ON

[オプション]
-[大文字] OFF

※このほか、[テキストのシャドウ] を ON にするとタイトル文字にシャドウ（影）がつく

[クリップの最後まで継続] ON にすると、[タイトル] が途中で消えることなくクリップの最後まで表示される

7 ビデオとして書き出し保存する

編集が完了したら、プロジェクトをビデオとして書き出し保存します。作成した
プロジェクトはiPhone内に素材がある限り、何度でも編集し直すことができます。

① 編集が終わったら
[完了] タップ

② 初期設定では
[My Movie] と
なっている。この
ままでもいいが、
タップしてプロ
ジェクト名を入力
することができる

③ ここでは「イラ
ストの描き方」
とした

[編集] をタップすると編集画面に戻ることができる。
作成したプロジェクトは iPhone 内に素材がある限り、
何度でも編集できる。

④ ⬆(共有ボタン)
をタップ

⑤ [ビデオを保存]
をタップすると、
ビデオに書き出
され保存される

⑥ ビデオは「写真」
に保存される

POINT

⬆ (共有) ー [オプション] でできること

[ビデオ] の解像度の選択や、[プロジェクト] を共有し iPad や Mac での編集ができる

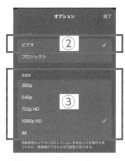

④ プロジェクトをタップすると、解像度は表示されない

① 前ページ④の ⬆ を
タップし、タイトルの
下に表示される [オ
プション] をタップ

② ビデオをタップすると
解像度が表示される

③ サイズを選択し
[完了] をタップ

[解像度]

数字が大きいほど画質が美しくなり、
数字が低くなるほど画質が劣化する
がデータ量は小さくなる。

※ビデオ撮影の解像度によって表示され
る項目が異なる。

[プロジェクト] を共有し、他の iPad や Mac で編集する方法

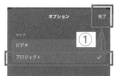

① [プロジェクト]
- [完了] タップ
で、元の画面に
戻る

iPadでの操作

iPad で iMovie
を立ち上げると、
プロジェクトに
送信した「イラ
ストの描き方」
が取り込まれて
いる。

[編集] をタップ
して編集をする

② AirDrop を使っ
て近くにある
iPad や Mac に
ワイヤレスで送
信する

撮影・編集の練習はこれで完成
です。次頁から iMovie の編集を
詳しく解説します。

4-2 クリップ操作をマスターしよう

4-1では、iMovieの基本的な編集を練習しました。ここからはさらに詳しく解説
していきます。

クリップを［分割］［切り離す］［複製］［削除］する

クリップをタップして選択すると、選択したクリップの周りが黄色くハイライト表示
されます。その状態で下部に表示されるボタン（インスペクタ）の操作ができます。

154

1 分割 (ビデオクリップを2つに分ける)

再生ヘッドの位置で、1つのビデオクリップを2つに分割できます。

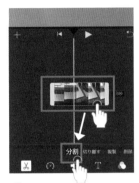

① クリップを選択し［分割］をタップ

② 2つに分割された

POINT

同じクリップで［タイトル］を複数入れたいときは［分割］を使って

iMovie は1つのクリップに1つのタイトルしか入れることができない。2つ以上のタイトルを入れたいときは、クリップを分割して、それぞれのクリップにタイトルを入れる。

① 再生して確認しながら、タイトルを入れたいところで分割する

② それぞれのビデオクリップにタイトルを追加する

2 切り離す (ビデオクリップからオーディオを切り離す)

ビデオクリップからオーディオ（音声）を切り離すことができます。

① クリップを選択し、［切り離す］をタップ

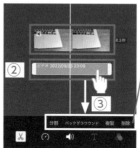

② ビデオクリップから、オーディオが切り離され、下段に表示された

③ 切り離したオーディオをタップすると、［分割］［バックグラウンド］［複製］［削除］が表示される

④ ［複製］は、タップするたび、切り離したオーディオが複製され最大3つまで増やすことができる。複製したオーディオは、別のビデオクリップまでドラッグして移動させるなどして使う

POINT

［バックグラウンド］のオーディオを指定できる

［バックグラウンド］は、例えば音楽など別のオーディオがあったときに、どちらがメインとなるか、という指定をするもの。

他のオーディオが流れているときは自動的に［バックグラウンド］のオーディオは音量が小さく調整される。

［バックグラウンド］のオーディオをタップすると、[フォアグラウンド]が表示されるので、タップすると切り替えることができる。

POINT

ビデオクリップの下に最大4種類のオーディオ素材を重ねることができる

iMovie には、オーディオ（3種類まで）、アフレコ（1種類のみ）、効果音（1種類のみ）、BGM（1種類のみ）、これらの合計4種類までのオーディオを重ねることができる。例えば次のような組み合わせが考えられる。

・動画素材の音源3種類＋ BGM 1種類

・動画素材の音源1種類+アフレコ1種類+効果音1種類＋ BGM 1種類

もっとたくさん入れたい、と考える人もいるが、初心者のうちは数多くの素材を組み合わせるのは避けた方がいい。動画編集の相談で最も多い質問の1つが「何がどこにあるのか分からなくなってしまう」というもの。iMovie は、ある程度の機能制限があり、だからこそ、初心者が取り組みやすいアプリとも言える。

3 複製 (クリップの複製)

ビデオクリップや写真
を複製できます。元の
クリップの後ろに複製
されて表示されます。

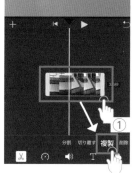

① クリップを選択し、[複製]
をタップ

② 元のクリップの後ろに
複製された

4 削除 (クリップを削除)

ビデオクリップや写真を選択し、[削除] をタップ。
クリップがタイムライン上から削除されますが、ビデオ
や写真の元データが削除されるわけではありません。

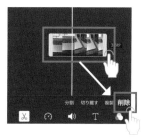

クリップを並べ替える

取り込むときに自動的に並べられたクリップを並べ替えることができます。

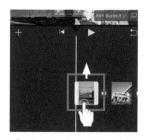

① 移動させたいクリップを長
押しすると、少し上がる

② その状態で、クリップを
左右にドラッグして並べ
替えることができる

クリップに自動的につく「効果」について

再生するとクリップとクリップの間がゆっくり画面が切り替わったり、写真の場合は
動く効果が加えられたりしているのが分かります。これらの効果について解説します。

1 [トランジション]（画面の切り替わり効果）について

各クリップの間に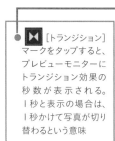マークがあります。これは［トランジション］（画面の切り
替わり効果）です。この切り替わり方を変更したり、機能をオフにしたりできます。

【効果の変更・機能オフの方法】

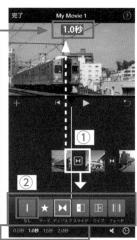

[トランジション]
マークをタップすると、
プレビューモニターに
トランジション効果の
秒数が表示される。
1秒と表示の場合は、
1秒かけて写真が切り
替わるという意味

切り替わりの秒数は
［トランジション］の下
に表示されるボタンで
切り替えられる

① ［トランジション］マーク
をタップすると、黄色く囲みが
つき、下部にトランジション効果
の種類が表示される。それぞれ
のボタンをタップすると、さまざ
まな効果に変更できる

② 一番左の ┃ をタップすると
効果が外れる

③ ［トランジション］マークも
┃ になった

④ レビューモニターの表示が、
0秒になった

POINT

画面の切り替え効果、使うなら 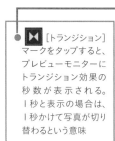 ［ディゾルブ］一択

切り替え効果は、1つの動画の中に、いろいろな種類が使われていると見ている方は落ち着かない。
「ディゾルブ」1つに絞るのが無難でおすすめ。

【iPad/iPhone 版 iMovie のトランジションについて】

[なし] トランジションをつけない

[テーマ] テーマに沿って自動に追加される（下記に解説）

[ディゾルブ] 画面がスムーズに入れ替わる

[スライド] 次の画面がスライドして出てくる

[ワイプ] 次の画面が覆いかぶさるように現れる

[フェード] 暗転して次の画面が現れる

※「スライド」と「ワイプ」に関しては、次の画面が出てくる方向を上下左右の4種類から選ぶことができる。ボタンをタップするたびに方向を切り替えられる

講座

4

動画編集　iMovieのすべて

自動的に切り替え効果がつく★ [テーマ] の設定方法

① 右下の歯車をタップ

② [プロジェクト設定] が表示されるので、[テーマ] の中から、旅行、シンプル、ニュースなど表示されているテーマを選択

③ [テーマサウンドトラック] を ON にすればテーマに沿ったサウンドがつく

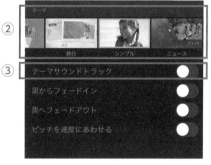

POINT

[トランジション] は必須とは限らない

トランジションがあった方がいい場合

- ●写真が多くて動きがなく、つまらなく感じる時
- ●同じ製品の写真や動画を羅列してカタログ的にゆっくり見せていく時
- ●事務所の紹介から工場の紹介に移る時など、大きな場面転換がある部分

トランジションが無い方がいい場合

- ●メッセージやセリフがある動画。[トランジション] が入ると、話し終わりや話し始めが切れてしまうこともあるので確認しよう
- ●画面がパッパと切り替わって勢いがある動画にしたい時

2 [Ken Burns エフェクト] (写真が動く効果) について

写真が動くのは写真に [Ken Burns] という効果が適用されているからです。これを活用して写真のある部分にズームしていく、逆に、対象物のどアップから引いていくといった効果をつけることもできます。また効果は削除もできます。

【開始と終了の写真の位置（大きさ）を変更する】

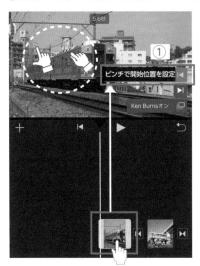

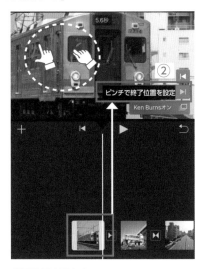

開始位置を設定する

① クリップ（写真）を選択すると、プレビューモニター右側の [Ken Burns オン] の上に [ピンチで開始位置を設定] と表示される。この時にプレビューモニターの写真をピンチで拡大縮小したり、ドラッグで位置を変えたりできる

動きをオフにする

③ クリップを選択し、プレビューモニター右側の [Ken Burns オン] をタップすると、[Ken Burns オフ] に切り替わり効果が外れる。なお、もう一度タップすると、[KenBurns オン] になる

終了位置を設定する

② その下にあるボタンをタップするとクリップの終了位置に移動し、[ピンチで終了位置を設定] と表示されるので、開始位置と同様プレビューモニターの写真をピンチで拡大縮小やドラッグして、終了位置を変更できる

音楽を追加する

写真やビデオなどを追加するときと同じ操作で、ビデオに音楽を追加することが
できます

1 [iMovie にもともと入っているオーディオを取り込む方法

① ✚ タップ

② [オーディオ] タップ

③ [サウンドトラック] タップ

④ 曲名をタップすると、試聴できる

POINT

取り込んだオーディオが、タイムライン上の動画よりも短い場合

同じオーディオがリピートされる。音楽が終わり、
再び始まる場所に目印がついている

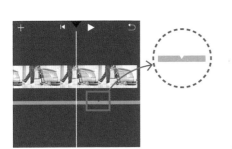

⑤ 曲が決まったら、⊕ をタップして追加する

⑥ タイムラインのビデオ・写真クリップの下に、オーディオ（緑色）が取り込まれた

161

2　オリジナル曲やフリー音楽素材を取り込む方法

オリジナル曲やフリー音楽素材を取り込むこともできます。ここでは iCloud Drive に
あらかじめ保存しておいた音楽素材を取り込みました。

① タイムライン左上の
🔲 をタップ

② ［ファイル］タップ

③ 事前に iCloudDrive に
保存しておいた音楽
素材をタップ

POINT

著作権など主な確認ポイントは?
**iMovie で選べる音源以外の音楽や効果音が使いたく
なったら**

市販の音楽・音源は著作権上、使用できない・許可申請が必要
なことがほとんどのため気をつけよう。

フリー音楽・音源サイトからダウンロードしてみるのもいいが、
その際もそれぞれの利用規約をしっかり読んだ上で従うことが
重要。MP3 形式のファイルが広く使われている。

主な確認ポイント

・お金がかかるかどうか

・個人利用のみか、商用利用可能か

・著作権者の表記が必要かどうか

・著作権者への利用報告が必要がどうか

オススメサイト

DOVA-SYNDROME　https://dova-s.jp/

④ 取り込まれ、タイムラ
インに表示された

4-3 iMovie 知ってトクする編集機能

iMovie の便利な編集機能について説明します。とても簡単な操作なので、使いこなすと一気に表現力が広がります。

ビデオや写真を 2 本重ねて取り込むことで広がる表現力

iMovie のタイムラインには、ビデオや写真を取り込んで、2 本のクリップを並べることができます。これによって、[カットアウェイ][ピクチャ・イン・ピクチャ][スプリットスクリーン]といった便利な編集ができます。

［ピクチャ・イン・ピクチャ］

［スプリットスクリーン］（左右表示）

グリーン / ブルースクリーン

［スプリットスクリーン］（上下表示）

ビデオを取り込む時
できる操作

> カットアウェイ
> ピクチャ・イン・ピクチャ
> スプリットスクリーン
> グリーン/ブルースクリーン
> オーディオのみ

写真を取り込む時
できる操作

> カットアウェイ
> ピクチャ・イン・ピクチャ
> スプリットスクリーン
> グリーン/ブルースクリーン

2本重ねて取り込む時の共通操作A

ここでは取り込むビデオや写真のことをまとめて、素材と表記しています。

[ビデオの場合] [写真の場合]

① ▶ ⋯   ① ⋯

1) 2) 3)   1) 3)

1) 通常の取り込み。メイン のクリップに取り込まれる

2) ビデオを再生する(写真 の時は表示されない)

3) メインに素材を重ねて 取り込む。タップで下記 ③のメニューが表示さ れる

① 素材を追加するため ➕ をタップ(再生ヘッド の位置に、素材が追加さ れる)

② 追加する素材をタップする とボタンが表示される。 ⋯ をタップ

素材が[写真]の場合

素材が[ビデオ]の場合

③ 重ね方を選択するメニューが表示される

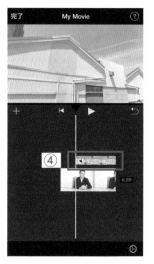

④ 行いたい操作をタップすると 再生ヘッドの位置に素材が 取り込まれ、タイムラインに 2本目のクリップが1本目の クリップの上に追加された

1 重ねた位置から、映像が切り替わる（カットアウェイ）

例えば、社長インタビューの映像の中で、社長が倉庫について触れた時に倉庫の映像に切り替わる、というような編集ができます。

「カットアウェイ」

2本のクリップをシンプルに並べた「カットアウェイ」は、重なっている位置から2本目に取り込んだクリップ（上側）に切り替わる。

音声は1本目のクリップのオーディオが流れる。2本目に重ねたクリップのオーディオ（音声）は、自動で音声ゼロになっているため。それぞれのクリップをタップして、オーディオ音量を変更することはできる。（POINTで解説）

【画面の説明】

2本目に取り込んだクリップも、1本目に取り込んだクリップと同様の操作ができる

① プレビュー右側に表示される 🔍 をタップすると、プレビュー画面上で、［ピンチで拡大縮小］ができる

POINT（共通）

クリップの重ね方は後から変更できる

重ねたクリップをタップして表示されるインスペクタの 🖥 をタップ。例えば、今、ピクチャ・イン・ピクチャならば、下記のような「ピクチャ・イン・ピクチャを変更」表示が出る。希望の重ね方をタップすれば変更できる。（オーディオ除く）

※縦書き（プレビュー左側）
② 長押しして、ドラッグで重ねる位置を変えることができる

※縦書き（右側余白）
講座 4
動画編集 iMovieのすべて

165

2 画面の中に小さく重ねて表示 (ピクチャ・イン・ピクチャ)

［ピクチャ・イン・ピクチャ］は下段のメインクリップ画面に、2本目に取り込んで上に重ねたサブクリップが小さく表示されます。ビデオや写真の大きさをピンチで拡大縮小したり、サブ画面の位置をドラッグで移動したりできます。

「ピクチャ・イン・ピクチャ」

「共通操作A」で2つ目の素材を「ピクチャ・イン・ピクチャ」で取り込むと、タイムラインにクリップが2本並ぶ。
再生ヘッドを動かし、2本目の素材の位置まで来ると、
2つ目の素材の映像がサブ画面で再生される。

【ピクチャ・イン・ピクチャで重ねたクリップにできる操作】

① ピンチで拡大縮小
② ドラッグで配置、ピンチでサイズ変更
③ サブ画面に枠線を表示する、しない

③ ■をタップするとサブ画面に枠線をつける・つけないを選択できる

サブ画面に枠線を表示する、しない

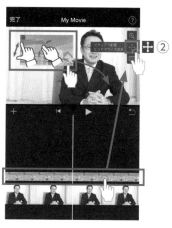

ピンチで拡大縮小

① 重ねたクリップを選択し、プレビュー画面右側に表示された🔍をタップ。
ピンチで枠内に表示されるビデオ・写真のサイズを拡大縮小できる

ドラッグで配置、ピンチでサイズ変更

② 重ねたクリップを選択し、プレビュー画面右側に表示された➕をタップ。
ドラッグでサブ画面の表示場所の移動や、ピンチで表示サイズの変更ができる

3 画面に分割したように重ねて表示（スプリットスクリーン）

［スプリットスクリーン］は、重ねた上下2本のクリップの画面が、左右または上下に分かれて表示されます。表示されるビデオや写真の大きさをピンチで拡大縮小したり、ドラッグで移動したりできます。

「スプリットスクリーン」

「共通操作A」で2つ目の素材を「スプリットスクリーン」で取り込むと、タイムラインにクリップが2本並ぶ。
再生ヘッドを動かし、2本目の素材の位置まで来ると、2つの映像が左右に並んで表示される。

【スプリットスクリーンで重ねたクリップにできる操作】

① ピンチで拡大縮小（ピクチャ・イン・ピクチャに同じ）
② 表示位置が右回転で入れ替わる
③ 境界に線を表示する、しない

  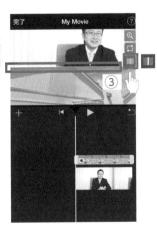

表示位置が右回転で入れ替わる

② 重ねたクリップを選択し、プレビュー画面右側に表示された🔁をタップ。2つの映像が上下に並んで表示された。🔁をタップするたびに画像表示は、右回転で入れ替わる

境界に線を表示する、しない

③ ▮をタップすると画面と画面の境界に線を表示する、しないを選択できる

スプリットスクリーンの見え方を変更する。 🔍 ［ピンチで拡大縮小］を使って

［スプリットスクリーン］は、商品の特徴を比較する時など、ビジネス動画では効果的な使い方ができる。見え方をいろいろ変更し、納得いく画面に仕上げてみよう。

［ピンチで拡大縮小］を使った見え方の修正例

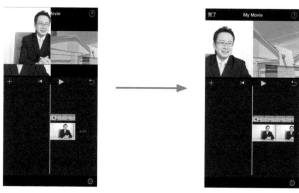

【修正前】

取り込んで表示してみたら、社長が画面の中央に寄りすぎていた。

社屋も小さくて分かりにくい。

【修正後】

社長が画像の中心に表示され、社屋の画像も大きく分かりやすくなった。

【修正方法】

① メインクリップを選択して、🔍 ［ピンチで拡大縮小］をタップしピンチで拡大する

② 再生してみると社長の顔が中央に収まった。同様にしてサブクリップを選択して、［ピンチで拡大縮小］をタップし拡大する

POINT

画面左に映り込んでしまった人物をカットしたい。
🔍 [ピンチで拡大縮小] の応用例

「しまった!映像の隅に通行人が映り込んでしまった」よくある撮影の失敗を編集で修正します。
動画を拡大して左に動かすことで、左の人物をカットできます。「手もとの作業をアップで見せたい」
という時などもビデオの拡大が応用できます。

[ピンチで拡大縮小] を使った見え方の修正例

【修正前】

画面に人物が映り込んでしまった!

【修正後】

人物をカットできた。

【修正方法】

 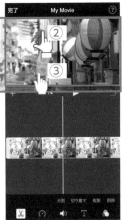

① タイムライン上の動画素材をタップ
しプレビュー画面の右上に表示さ
れた🔍をタップ。「ピンチでビデオ
を拡大縮小」と表示される

② プレビュー画面をピンチアウトで
拡大した

③ 続いて画像を左側にドラッグ。
左側の人物がカットされた

POINT

重ねた2本目のクリップの音量は自動的にオフになる。2本目の音声を使う方法

2本目に重ねたビデオクリップの音量は自動的にオフになっている。例えば、右写真の場合、ワイプの中の人物の音量はオフになっている。

この人物の発言を使いたい場合は、2本目のクリップをタップした上で、音量アイコンをタップしてから音量を上げる。

1本目のビデオの音量は下げるなどして調整する。

4 オーディオ（音声）だけを重ねることも可能

ビデオの音声だけを取り込んでメインクリップに重ねることができます。倉庫の映像に倉庫のことを話している音声を追加する、というような使い方ができます。

「オーディオのみ」

「共通操作A」で2つ目の素材（ビデオ）を選択し、[オーディオのみ]をタップ。オーディオだけが取り込まれ、タイムラインで1本目のクリップの下に表示された。読み込んだオーディオの長さが合わない（長すぎるなど）場合は、オーディオクリップを選択して、[分割][削除]などで長さを調整する。

POINT

**1本目に取り込んだメインクリップの音声と
二重にならないようにする**

音声の無いビデオや画像に重ねる、メインビデオの音声を切り離しておく、音量を下げておく等の修正が必要。

5 背景を除去して合成できる

[グリーン / ブルースクリーン] では、2本目に重ねたクリップがグリーンもしくは
ブルーの布などを背景に撮影されていれば、背景部分を切り抜いて1本目の
クリップに合成することができます。

[グリーン / ブルースクリーン]
機能を使うと、こんな映像も
作れる

【準備】

グリーンもしくはブルーの背景を使って撮影

　背景には、たたんでもシワにならないタイプのグリーン
かブルーの布が使いやすい。

　グリーンやブルー一色の壁や、ビルなどの大きな建物
の背景を抜くときは、雲一つ無い青空なども使える。
いろいろチャレンジしてみよう。

【撮影の注意点】

　布にしわが寄らないようにピンと張って撮る。

　背後に人や物の影が入ると合成しにくくなる
（きれいに背景が除去されない）

　撮られる人は、グリーンやブルーの服を着ない

小物の撮影であれば、100円ショップのボー
ドも使える

【[グリーン / ブルースクリーン] の操作方法（自動）】

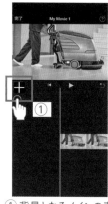

① 背景となるメインの素
材に重ねて２本目の
素材を取り込む（共
通操作A」参照）

② 上に合成する素材（青
や緑を背景に撮影したビ
デオや写真）を選択し
［グリーン / ブルース
クリーン］をタップ

③ 上に重ねたクリップ
は、自動で青（または
緑）の部分が除去さ
れて配置される

【自動での透明化を修正する方法】

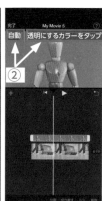

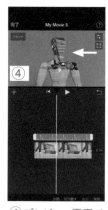

① 上に重ねたクリップ
をタップし、左上の
［リセット］をタップ

② 上に重ねたクリップ
のプレビュー画面に
［自動］［透明にす
るカラーをタップ］
ボタンが表示され
る

③ ［自動］をタップ
すれば自動で上に
重ねた画像の背景
が切り抜かれる

④ プレビュー画面で
透明にしたいと思
うカラーをタップ
すれば、その色の
背景が自動的に
切り抜かれる

【グリーン / ブルースクリーンで重ねたクリップにできる操作】

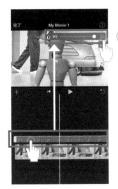

① 背景除去の強弱を調整できる

② 隅をドラッグして除外領域を選択

背景除去の強弱を調整

① 重ねたクリップをタップして、画面右上に表示される 🔁 を
タップして除去の強弱を調整できる

講座
4

動画編集 iMovie のすべて

② 「隅をドラッグして除外領域を選択」を使って、細やかに背景を除去する

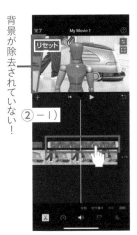

背景が除去されていない！

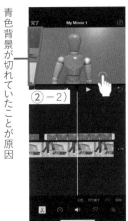

青色背景が切れていたことが原因

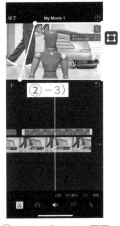

②－1) プレビューする
と途中で青の背景が
除去されていない部分
があった。理由を確認
するために、重ねた
クリップをタップし、
プレビュー画面左上の
[リセット] をタップ

②－2) 再生してビデオ
を確認すると、重ねた
クリップの左部分の
青色背景が切れてい
たことが原因。そのた
めこの部分を、重ねる
クリップから排除する
必要がある。クリップ
をタップし、プレビュー
画面をタップ

②－3) プレビュー画面
に表示される 🔲 [隅
をドラッグして除外領
域を選択] をタップし、
四隅の黄色のハンドル
をドラッグしプレ
ビューで確認。黄色
のハンドルの外側は、
重ねたクリップから除
外された

フェードイン・フェードアウト

動画が唐突に始まるのも、唐突に終わるのも、見る方からすると違和感を覚えます。
フェードイン（少しずつ映像や音楽が表れる効果）、フェードアウト（消えていく効果）
は常につけるといいでしょう。

1 タイムラインの一番前にフェードイン、後ろにフェードアウト

プロジェクトの設定

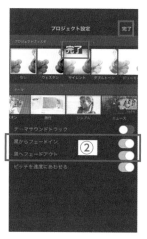

① 編集中の画面右下にある
　🔧歯車マークをタップす
　ると［プロジェクト設定］
　が表示される

② ［黒からフェードイン］［黒
　へフェードアウト］をそれ
　ぞれ ON にする。右上の、
　［完了］をタップしタイム
　ラインに戻る

フェードイン / フェードアウトのマーク

③ 冒頭と終わりのクリップに、フェードイン / フェードアウトの小さなマークが
　ついている。この操作でオーディオにもフェードイン / フェードアウトが適用
　される

【フェードイン】

少しずつ映像や音楽が表れてくる。

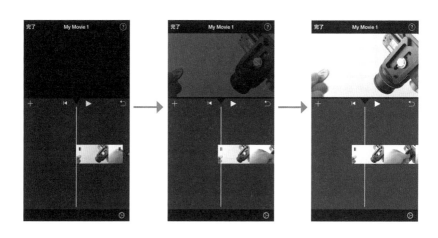

【フェードアウト」

少しずつ映像や音楽が消えていく。

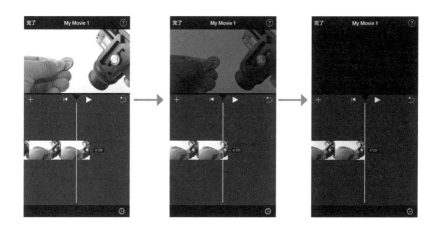

175

☑ ビデオの途中でオーディオをフェードアウトさせる

タイムラインの一番最後のクリップをフェードアウトさせる方法は ☑ で解説しましたが、途中でオーディオをフェードアウトさせる方法についても説明します。これは例えば、動画の前半の映像にはオーディオをつけ、後半の映像はインタビューなのでオーディオを外す、といったような場合に使います。

① オーディオを終えたい位置に再生ヘッドが表示されるように調整する

② オーディオクリップを選択し［分割］をタップする

③ フェードアウトさせたいオーディオクリップを選択し、［スピーカーアイコン］ー［フェード］をタップする

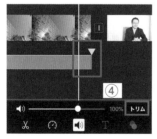

④ ［フェード］が［トリム］に変わり▼が表示される

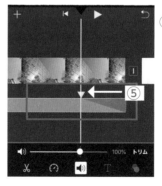

⑤ ▼マークを左にドラッグするとオーディオにフェードアウト効果が加わる。同様にクリップ先頭の▼を右にドラッグすればフェードイン効果が加わる

POINT

[プロジェクト設定] その他の項目

[プロジェクトフィルタ]

映像の色味を変える。ビジネス用途であれば、あまり使われない。

[テーマ]

動画の［ テーマ ］を設定できる。トランジションで、★ （テーマ）を選択すれば、ここで設定した［テーマ］に沿って自動的に切り替え効果がつく

[テーマサウンドトラック]

上記、［ テーマ ］に沿った音楽を追加できる。

ただこれを適用すると、それまでにつけていた音楽は削除されるため、音楽をつけた後は触らない方がいい。

[ピッチを速度にあわせる]

例えば再生速度を速くした場合、音声は高い機械音のようになり、遅くした場合、音声は低くくぐもった音になる。この機能はデフォルトでは ON になっており、再生速度に合わせて高くなったり低くなったりする。

この設定を OFF にすると、音は元の動画の高さがキープされる。

そもそも再生速度を変えると音声は変になるため、再生速度を変える時は、その部分の音声は下げておく（使わない）のがオススメ。

ビデオの再生速度を変えたい

車の動きを速くして、スピード感あふれる動画にしたり、速い動きの手もと操作を
ゆっくり見せたい。そんな時は、[速度]をタップして、ビデオの再生速度を速く
したり遅くしたりします。

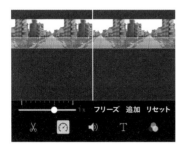

【車の動きを速くしてスピード感あふれる
動画や、速い動きの手もと操作をゆっくり
見せる動画を作りたい】

（[速度]ボタン）で操作します。

① 速度を上げたい（また
は下げたい）ビデオクリッ
プをタップ

POINT

**速度を変えたいクリップ
を事前に分割で準備して
おこう!**

1本のクリップ内で、速度を変
える範囲を複数指定できるが、
細かい作業は時間のムダ。
変更したい範囲はクリップを分
割して事前に準備しておこう。

【速くしたい】

② をタップ（選択した
クリップの下半分に黄色枠
が表示される）。の上に
表示される黄色のスライダ
を右にドラッグすれば速く
なる

【遅くしたい】

③ の上に表示される
黄色のスライダを左に
ドラッグすれば遅くなる

ビデオの動きを途中で静止させたい（フリーズ）

ビデオの動きを、指定した場所でフリーズ（静止）することができます。そんな時は、
🕐 →［フリーズ］をタップします。静止時間を指定することもできます。

再生ヘッドの
位置からフリーズ

POINT

**フリーズさせたいクリップを
事前に分割で準備しておこう！**

1本のクリップ内で、フリーズさせる範囲を複数指定で
きるが、細かい作業は時間のムダ。フリーズさせたい
範囲はクリップを分割して事前に準備しておこう。

講座
4

動画編集 iMovieのすべて

【フリーズさせたい】

① ビデオクリップをタップし、🕐 をタップする

② 映像を止めたいところに再生ヘッド（白い縦の線）を
動かし、［フリーズ］をタップ。フリーズの長さは自動
で設定される。長さを変更したときは下記に解説。
（※やり直したいときは、［フリーズ］をタップする。全ての設定
を消去するときは［リセット］）

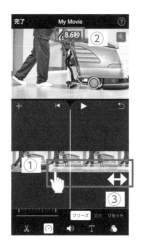

【フリーズの静止時間を変更したい】

① フリーズを設定したクリップには、白いラインが付いて
いるので、そのラインをタップする

② 白い線が黄色の枠線に変わり、プレビュー画面にフリーズ
の長さが表示される

③ 黄色の枠線の右端をドラッグすると、フリーズ時間を調
整できる。右＝長くなる、左＝短くなる。モニターで時間
が確認できる

インタビューの音量を上げたい（下げたい）

インタビューの音声が聞き取りにくいので大きくする、という場合に音量を上げることができます。下げたり、音量をゼロにしたりということもできます。
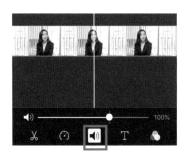 をタップして音量を調整します。

【インタビューの音声が聞き取りにくいので音量を大きくしたい】

（[音量] ボタン）で操作します。

【[音量] ボタンの操作方法】

① クリップをタップで選択し、をタップする
② 表示されるバーを右にドラッグすると音量が上がり、左にドラッグすると音量が下がる。一番左まで動かすと音量がゼロになる

左（小）右（大）で調整

ビデオや写真の色味を変えたい（フィルタ）

ビデオや写真の色味を青っぽくしたりモノクロにしたり、映像の色味に変化をつける
ことができます。 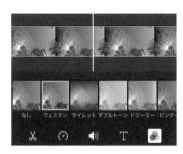 （[フィルタ] ボタン）をタップして調整します。

【色味に変化をつけたい。
インスタ用に、色味を統一したい】

 （[フィルタ] ボタン）で操作します。

【[フィルタ] ボタンの操作方法】

① クリップをタップして選択し、 （[フィルタ]
　 ボタン）をタップする

② いろいろなパターンの色味が表示される
　 ので、好みのパターン（モノクロなど）をタップ

③ プレビューに反映される

※ビジネス向けの動画では、元の素材の色を
　 活かしたほうが見やすい。あまり変更しない
　 方がいい。

　 インスタに投稿する際など、色調をそろえた
　 方がよい場合は同じフィルタを選択すること
　 もアリ

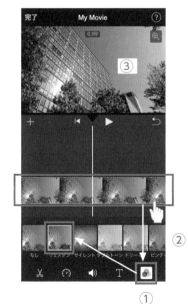

クリップが始まる前に［タイトル］を入れたい

動画の冒頭（映像が始まる前）や、一番最後（動画が終わった後）など、クリップ上ではないところに［タイトル］を入れたい場合は、バックグラウンド素材を読み込んだ上で、その素材の上に文字を入れます。

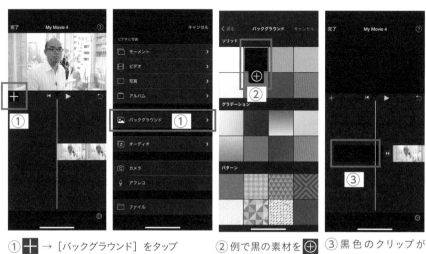

① ➕ → ［バックグラウンド］をタップ

② 例で黒の素材を ⊕ をタップして取り込む

③ 黒色のクリップが取り込まれた

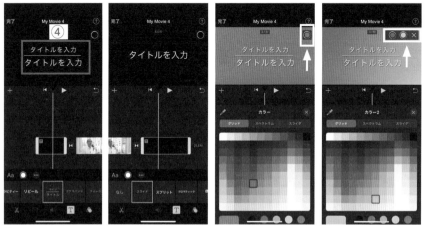

④ クリップをタップして［タイトル］を追加

※最後に［タイトル］を追加することもできる

※プレビュー画面の右上のアイコンをタップすると色を変更できる

※グラデーションを選択している場合は2色を選択できる

4-5 動画編集モードの違いと使い方

「iMovie」を起動すると、「新規プロジェクトを開始」の画面が表示されます。
バージョン3.0からは、[マジックムービー] [ストーリーボード] が追加されました。
ここでは、新しいビデオプロジェクトについて特徴を解説します。

[マジックムービー]

ビデオや写真を選択するだけで、iMovie が自動的に音楽もつけて動画を作ってくれる。

[ストーリーボード]

iMovie に事前に用意されているテンプレートに、ビデオや写真をあてはめていくことで、目的に沿った動画を作っていくことができる

POINT

編集の基本は全て同じ。

[ムービー] で基本をマスターしておこう

iMovie で新規プロジェクトを開始する時に、[マジックムービー] [ストーリーボード] [ムービー] の3つの作り方から、選択できるようになった。

それぞれのオープニング画面が異なるのではじめは戸惑うが、基本的な編集方法は同じ。

[マジックムービー] [ストーリーボード] については、次頁から簡単に説明するので、これまで [ムービー] で解説してきたことを応用してチャレンジしてみよう。

[ムービー]

iMovie のタイムラインで、ビデオや写真、音楽を選択するなどして、動画を作っていく

※本書は、[ムービー] で解説

［マジックムービー］自動編集モードでかんたんに

自動編集モードです。好きな素材を選択するだけで、自動的に編集された動画ができあがります。「撮ったものをとにかく早く簡単に動画にまとめたい」という目的にぴったりです。細かく修正したいなら最初から［ムービー］モードを使った方がいいでしょう。

［スタイルを選択］

動画の始まりなど動画のデザインを変えられる。オプションのボタンでは、音楽・題字のフォント・デザインの色味・動画全体の色味を変えられる

① ［マジックムービー］－［メディアを選択］で使いたい素材を選択し、［マジックムービーを作成］をタップ

② 素材が再生の順番に並んだ。素材はドラッグで並べ替えのほか、各ボタンをタップすると表示されるような編集ができる

③ 右上の 🔼 （共有ボタン）－［ビデオを保存］でビデオの書き出しが始まる

POINT（著者コメント）

自動編集されたものをそのまま活用するのがいい

このモードは「自分好みにあれこれ作り込みたい」という目的には向いておらず、②で操作できるカスタマイズをいろいろ触ってみても、それほど満足いく結果は期待できないのではない。

［マジックムービー］は、iMovieで自動編集された動画をそのまま活用するのがよい。

［ストーリーボード］＝目的別テンプレートモード

プロフィール動画や料理動画など、ある程度の編集テンプレートが用意されていて、そこに素材などを当てはめていけば動画が完成します。しかし、ワイドショット、クローズアップなど、当てはめる素材が指定されており、その通りの素材があるとは限りません。編集のためというより、このテンプレートの通りに撮影するためのモード、と考えた方が適切かと思います。

④［共有ボタン］

講座

4

動画編集　iMovieのすべて

① ［ストーリーボード］で使いたいテンプレートを目的別で選ぶ（ここでは［プロフィール］を選ぶ）

② 好きなスタイルを選択し、右上の［作成］をタップ

③ どんなカットをどの順番に並べるかが指定されており、その通りの素材を並べていくことで動画が完成する

④ で書き出す

POINT（著者コメント）

先にテンプレートの内容を確認し、その順番通りに撮っていく

かなり細かく指定されているため、「動画を作るのに、どうしていいのか分からない」という場合に向いている。つまり、撮ってからテンプレートに当てはめるのではなく、先にテンプレートの内容を確認し、その順番通りに撮っていくというスタイル。

例えば、話してメッセージを伝えたいなら［プロフィール］、マニュアル動画を作りたいなら［仕組み］などのテンプレートを選択し、そこで指定されている［ミディアムショット］［クローズアップ］といった通りに順番に撮影していくとよい。

POINT

縦位置で撮ったビデオの iMovie での編集について

スマホの画面を縦位置にして撮影することも多い。基本的には、iMovie で編集するときは、最初から横位置で撮ることを心掛けた方がよいが、どうしても縦動画を iMovie に取り込んで編集したい時の対処法や注意点をまとめてみた。

縦動画を iMovie に取り込むと……

iMovie は横位置で撮影したビデオや写真に対応しているので、縦位置で撮ったビデオや写真を iMovie に取り込むと、左のように自動的に上下がカットされて表示されてしまう。

「画面を拡大する」方法

クリップをタップしてプレビュー画面右上に表示される をタップし、[ピンチで拡大縮小]を表示させてから、プレビュー画面をピンチアウトして拡大すれば、左のように横型の動画として編集することは可能。

しかし、上下がカットされてしまうため、縦で撮った構図が活かせないことになる。

「画面を縮小して全体表示する」方法

iPhone の操作方法を伝える動画などは縦位置で撮る。しかし iMovie に取り込むと、自動的に上下がカットされて表示されてしまうので、全体表示したい場合は、iMovie に取り込んだあとに左のようにプレビュー画面をピンチインして縮小する。

講座5

プロも使っている
編集の鉄板技

もっと短くまとめたい、簡単で効果的な構成を知りたい、撮影の失敗を編集でごまかしたい……
そんな時には講座5が役立ちます。プロも使っている編集の鉄板技をご紹介します。

5-1 | 編集でムダな素材をそぎ落とす

ムダに長い部分は削除や早送りでそぎ落とす

多少カタチの悪い野菜でも料理次第でおいしくなります。動画も同じ。素材のカタチ
が多少悪くても、そこをどんどん削ることで良い動画にできます。動画における一番
の悪は「無駄に長いこと」だと肝に命じておきましょう。動画は短いものが好まれ、
ビュンビュン展開するくらいがちょうどいい。そぎ落とす鉄板技を紹介します。

1 ばっさりカットして見せたい部分だけを見せる

誰でも知っているかもしれない部分や、小難しくてピンとこない部分などは、
思い切ってばっさりカット（削除）します。
それによって、本当に見せたい部分だけを見せることができます。

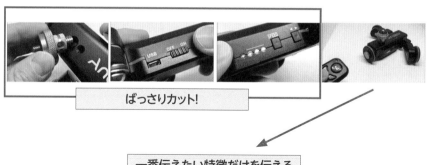

ばっさりカット!

一番伝えたい特徴だけを伝える

2 「必要ない部分」はどんどん削除する

ビデオクリップを再生し、確認したときに撮影に失敗した部分や、あまり変化がなくムダな映像は削除します。iMovieでは ✂ をタップして、[分割][削除] などの編集でそぎ落としていきます。

【削除例】

特殊なテープを紹介するビデオで、テープの端を取り出す際に、初めの方で爪でカリカリと引っ掻いてなかなか取り出せない部分がしばらくあったためここを削除する。

【iMovieでの削除方法】

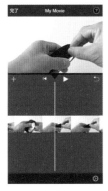 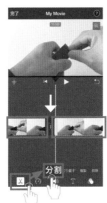  

① ビデオクリップを再生し、削除したい場面の直前で停止。（爪でテープの端をカリカリ引っ掻いている直前）

② クリップを選択し、✂ →[分割]をタップ。（クリップが分割された）※クリップの長さが短すぎると[分割]できない

③ ビデオクリップを再生し、使いたい場面の直前で停止し（テープの端をつまむ直前）、[分割]をタップ

④ 不要な部分のクリップをタップして選択し、[削除]をタップ（不要なクリップが削除される）

③ 「必要ないが削除すべきでない部分」は早送り（加速）する

必要ではないものの削除すべきでないなあと迷う部分もあります。こういう場面は、「早送り」がよく使われます。例えば工場内の案内動画などで、"ただ廊下を歩いているだけ"の部分で早送りになっている動画を見たことがあると思います。どこをどう通っているのかを伝える動画ですが、削除してしまうと分からなくなってしまいます。iMovieでは 🕐（速度ボタン）を使って速度を上げます。

【早送り例】

機器の操作方法を解説する動画で、ネジを回して部品をはめ込むシーンの時間が少々長いため、はめ込む操作を早送りした。

【iMovieでの早送り方法】

1 必要ない部分はどんどん削除する ①〜③と同様の操作で、

① どの部分を早送りするのか探す

② 部品を取り付け始めた直後で停止しクリップを［分割］

③ 部品を取り付け終わる直前で停止しクリップを［分割］

 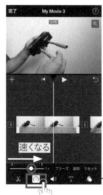 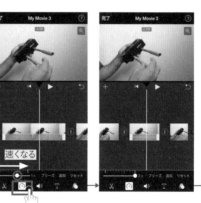 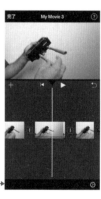

④ ①〜③で操作した早送りしたいクリップをタップして選択

⑤ 🕐［速度］ボタンをタップ。（クリップの下部に黄色のバーが表示された）

⑥ 🕐の上に表示される黄色のスライダを右端までドラッグして速度を速める

⑦ 再生して確認する。（スライダの位置で速度が異なる。右が速く、左が遅い）

⑧ OKならばクリップ以外の部分をタップして確定させる

削除の心得　3つのポイント

編集でムダな素材をどんどんそぎ落として動画を仕上げていく！　とはいえ、「せっかく撮ったのに削除するには忍びない」気持ちも捨てきれません。
そこで、「削除の心得　3つのポイント」をお伝えします。

1 余計な情報不要！ ジャンプカットは動画に勢いを出す

せっかく撮ったのに削除するには忍びない……作り手は思い入れがいっぱいですが、見る方にとっては余計な情報は不要です。編集でザックザックと削除していきましょう。

料理動画などで「卵をボールに割って入れてかき混ぜ始め」のところでカット。その後の動画をバッサリ削除して、次の瞬間には「次の具材をボールに入れる映像」に移る。こんな編集方法をジャンプカットと呼びます。

ジャンプカットは、動画に勢いが生まれます。

2 この動画で見たいのはどれ？ ゴールを決めて編集する

編集で削除するのは苦痛を伴うもの。編集は感情との戦いでもあります。
もったいないという気持ちを無くすためにも、編集に入る前に「この動画で見たいのはアレとアレだけだ」とゴールを考えましょう。その上で編集作業に臨むことをおすすめします。

3 テロップを活用して映像をカットする

文字を使って映像素材を省くこともできます。例えば、「インタビュアーの質問映像を削除してテロップで質問を入れる」「場所を説明する映像の代わりに、テロップで駅名を入れる」など。

少しでも短くできる工夫があればどんどん取り入れましょう。

5-2 イマイチなら順番を入れ替えてみる

仕上がりに納得できない時の対処法

一応完成させてみたものの、その仕上がりに納得できない、ということはよくあります。
そんな場合の対処法について紹介します。

1 順番を入れ替えてみる

最初に考えた構成が常に正しいとも限りません。そんな時は順番を見直します。
例えば「キャンプでコーヒーを楽しむ」という動画では、「美味しいコーヒーの
淹れ方」から始めるのではなく、順番を入れ替えて、いきなり最初に美味しそう
にコーヒーを飲んでいるシーンからスタートします。これによって見る人の情感に
訴える動画になりました。

「美味しいコーヒーの淹れ方をス
テップで紹介」し、最後に「ああ
美味しい」

「ああ美味しい。では淹れ方をご
紹介しましょう」と言った後で、
淹れ方をステップで紹介」

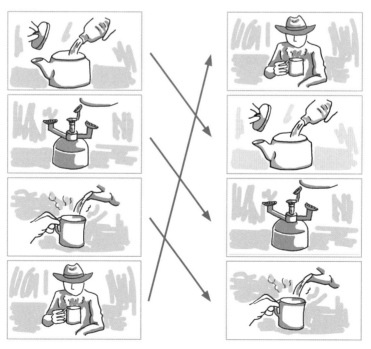

192

5-3 「言語化」でイメージを具体的に共有

「イメージが違う」など後からのダメだしを防ぐ方法

ビジネス動画は、多くの場合、制作工程でいろいろな部署の人が関わって作ります。できあがってから、「イメージが違う」などのダメだしをできるだけ防ぐための方法を紹介します。

1 動画制作工程の「言語化」を意識する

ビジネス動画は、制作担当者どうしや上司、お客様とのコミュニケーションをとりながら作っていくことが多い。

そのような状況では、「動画のイメージ」をできる限り誰にでも伝わる表現へと「言語化」することを意識してみましょう。

そうすれば、互いに具体的な行動に落とし込むことができ、後々の作業もスムーズに進みます。

本書は、著者が現場で培ってきた、「動画制作工程の言語化」を意識して作成しています。

【言語化の例】

曖昧な表現 ━━━━━➤	具体的な表現
「ここをもうちょっといい感じにしたい」	「テロップの位置を右上に移動できないか?」
「動画の始まりがなんかいまいちだなあ」	「完成品の映像を冒頭に持ってきた方が、より感情に訴えることができるんじゃないか」

※空欄には「言語化の例」を参考に書きこんでみましょう

簡単で効果的な2カットつなぎ

動画は複数のビデオの組み合わせ方（構成）でいろいろな表現ができます。
とても簡単かつ効果的なテクニックとして、2つのカットをつなぐ基本的な構成を
紹介します。

「全体」＋「部分」で分かりやすく伝える

①全体②部分の2つのビデオを組み合わせることで分かりやすく伝えることができ
ます。順番は、目的によって全体→部分、部分→全体を使い分けます。

1 全体を見せてから拡大した部分を見せる（製品紹介など）

製品を紹介する動画などでよく見る手法。細かい説明に入る前に全体を見せて
から、拡大した部分を見せます。これにより、拡大した部分がどこなのかがより
分かりやすくなります。

①引きの映像で全体を見せる　　　②寄りの映像で特徴を見せる

2 部分を見せた後で、全体を見せる（会社案内など）

会社の看板のアップを見せてから建物全体を見せます。これは企業PRに多い。

①寄りの映像で社名を見せる　　　②引きの映像で全体を見せる

③ 3カットで機能や特徴を分かりやすく伝える

①引き ②指差し ③アップと3段階の映像で伝えると分かりやすくなります。

① 引きの映像で全体を見せる　② 指さし映像で場所を見せる　③ 寄りの映像で特徴を見せる

「人」＋「モノ」で分かりやすく伝える

人を登場させると分かりやすく伝えることができます。特に、商品やサービス説明の動画で人が話すと効果的です。大きく2つのパターンがあります。

① 「モノ」→「人」補足解説として後で人が登場する

「まずは商品を見せた後に開発者がコメントする」「サービスの紹介をして次に立ち上げ責任者が想いを語る」など。とても多いパターンです。

② 「人」→「モノ」有名人が先に登場して視聴者を引きつける

先に人がコメントしてから実際に見せるという、視聴者の期待をあおるような構成。ニュース番組やユーチューバーもこのパターンを多く使っています。

「同じアングルのビデオを比較」で分かりやすく伝える

iMovie のタイムラインには、ビデオや写真を取り込んで、2本のクリップを並べて、「同じアングルのビデオを比較」することができます。これらを活用すると、商品の違いや、物質の変化などを分かりやすく伝えることができます。

1 レンズの違いによる撮影結果を分かりやすく比較する

ワイコンレンズを使えば、より幅広い撮影ができることを伝える動画を作ります。つける前とつけた後の2種類のビデオを上下に並べて比較します。自社の商品が他とどう違うのかを伝えるのに向いている編集方法です。写真を使っても作れます。

2つのビデオを1つの画面で同時に流す。変化や違いは一目瞭然

【編集手順】

1. 撮影

同じアングル＆同じ動きで「(A) ワイコンレンズ無し」「(B) ワイコンレンズ有り」の2種類のビデオを iPhone で撮影

2. 編集

（1）iMovie の［スプリットスクリーン］で2本のビデオ (A)(B) を取り込む（解説①②③④⑤）

（2）［スプリットスクリーン］は初期設定では左右2分割表示なので上下表示に変更（解説⑥⑦）

（3）［タイトル］を入れる（解説⑧⑨）

手順1） 2本のビデオを取り込む

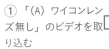

再生ヘッドの位置に重ねたビデオが取り込まれる

① 「(A) ワイコンレンズ無し」のビデオを取り込む

② 表示が同じになる場所に再生ヘッドを移動し、＋をタップして「(B) ワイコンレンズ有り」を重ねて取り込む

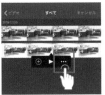

③ ビデオをタップすると表示される ••• タップ

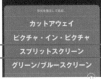

④ 重ね方を選択するメニューが表示されるので、[スプリットスクリーン] をタップ

⑤ 「(B) ワイコンレンズ有り」のビデオが取り込まれプレビュー画面に2つのビデオが左右に表示された（初期設定では左右2分割表示）

POINT

［スプリットスクリーン］は取り込むと、はじめは左右2分割表示

この後の手順として、上下表示に変更した後、「タイトル」（テロップ）を入れていく

POINT

［タイトル］追加はiMovie ではメインクリップだけに可能

重ねたクリップには「タイトル」を入れられないので［ライン／タイトル］を裏技的に使い、上下のクリップに［タイトル］が表示されるように入れた。

手順2） 上下表示に変更し、テロップを追加する

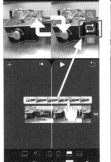

⑥ 重ねたクリップを選択し、プレビュー画面右側に表示の ↻ をタップ

⑦ タップのたびに、表示は右回転で入れ替わっていくので上下表示になるまでタップ

⑧ **T** をタップし、タイトル2行で上下中央に線が入る［ライン／タイトル］をタップ

⑨ 「タイトルを入力」をタップしてテキスト入力し、上下センターにくるようドラッグ

197

2 2種類の結束バンドを比較し時間的な違いを強調する

異なる製品の時間的な違いを比較し、強調する動画を作ります。

ここでは、紐型の結束バンドの方が、面ファスナー型の結束バンドよりも早くまとめられる、という時間的な違いを伝えます。2種類のビデオを左右に並べて速さを比較し、さらに一方のビデオに［フリーズ］を設定し速さを強調します。

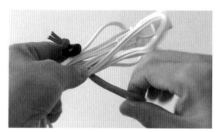

「紐型の結束バンド」と「面ファスナーテープ型の結束バンド」の結束スピードを比較する動画

【編集手順】

1. 撮影

同じアングル＆同じ動きで「(A) 面ファスナーテープ型の結束バンド」「(B) 紐型の結束バンド」の2種類のビデオを iPhone で撮影

2. 編集

（1）iMovie の［スプリットスクリーン］で2本のビデオ (A)(B) を取り込む（解説①②③④⑤）

（2）初期設定ではメインクリップが左側に表示されているので、好みの表示にする（解説⑥）

（3）クリップにフリーズ（静止）を設定し速度の違いを強調する。

2つのビデオクリップを再生していくと、「(B) 紐型の結束バンド」が明らかに早くまとめ終わり、先に再生が終わる。そこで、早く終わったビデオクリップの最後を、フリーズ画面として継続させることで、早く終わったことを強調する。

POINT

ビデオを重ねて取り込む順番

iMovie では1本目の長さまでしか2本目に重ねたビデオを再生できない。

よってここでは、1本目に再生時間の長い「(A) 面ファスナーテープ型の結束バンド」を取り込み、2本目には再生時間の短い「(B) 紐型の結束バンド」を重ねて取り込んだ。

手順1) 2本のビデオを取り込む

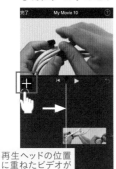

再生ヘッドの位置
に重ねたビデオが
取り込まれる

② ➕ を タ ッ プ し て
「(B) 紐型の結束バン
ド」を重ねて取り込む

③ ビデオ (B) をタップ
すると表示される ••• を
タップ

④ 重ね方を選択する
メニューが表示される
ので、ここでは［スプ
リットスクリーン］をタッ
プ

① 1本目に「(A) 面
ファスナーテープ型結
束バンド」のビデオを
取り込み（メイン）、使
い始めるスタートのタ
イミングがそろう位置
に再生ヘッドを移動

カットアウェイ
ピクチャ・イン・ピクチャ
スプリットスクリーン
グリーン/ブルースクリーン

⑤ 「(B) 紐型の結
束バンド」のビデオが
取り込まれ、「(A) 面
ファスナーテープ型結
束バンド」と2つのビ
デオが左右2分割で
表示された

⑥ 初 期 設 定 で は、
メインクリップが左。
左右の位置を入れ替え
たい時は、重ねたクリッ
プを選択し、プレビュー
画面右側に表示の 🔁
をタップ。

タップのたびに表示は
右回転で入れ替わっ
ていく。好みの表示に
なるまでタップ（ここで
は左右入れ替えた）

手順2) フリーズ（静止）を使って速度の違いを強調する

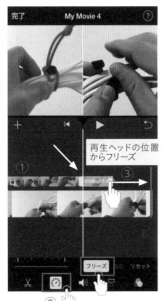

再生ヘッドの位置
からフリーズ

＜ビデオクリップにフリーズを設定＞

① 映像を止めたいところに再生ヘッドを動かし、フリーズ
させるビデオクリップをタップ。今回は先に再生が終わる
「(B) 紐型の結束バンド」

② ⏲ をタップし、［フリーズ］をタップ、自動的に黄枠
が付く。その間が［フリーズ］する

※やり直したいときは、［フリーズ］か⏲をタップする

＜フリーズの時間を変更する＞

※クリップの選択をはずすと黄枠は白線表示になる。白線
を選択すると［フリーズ］の黄枠が表示される

※黄枠の右端をドラッグすると、フリーズ時間を調整でき
る。右へ＝長くなる、左へ＝短くなる

③ 「(A) 面ファスナーテープ型の結束バンド」のビデオ
クリップの終わりと同じタイミングまでドラッグして延ばす

撮影で失敗した! 編集でのごまかし方

いざ編集しようとした時、撮影の失敗に気づくことはよくあります。撮り直せれば理想ですが、そうはいかないことも多いですね。

そんな場合の編集での対処法（ごまかし方）についてまとめました。

ビデオの長さが足りない！→そんな時は写真を使う

ビデオが短い場合には、写真を挿入して長さを付け足します。写真1枚あたり自動的に5秒ほどの長さで挿入されます。この長さは編集操作で変更可能ですが、1枚の写真をゆっくり見るにはちょうどいい長さです。5枚挿入すれば25秒ほど稼げる計算です。

① 写真を挿入したい場所に再生ヘッドを移動させ、➕をタップ

② 写真をタップして、➕をタップ

③ 写真が取り込まれ、タイムラインに表示された。他の写真を取り込みたいときは、これを繰り返す

余計なものが映っていた！→とにかくごまかす

撮影中というのは「撮るべきもの」に意識が集中します。そのため、その背後や画面の片隅に余計なものが映り込んでしまうことがよくあります。

1 部分的に拡大してごまかす

映り込んでしまった余計なものを、画面を拡大することで見えなくします。

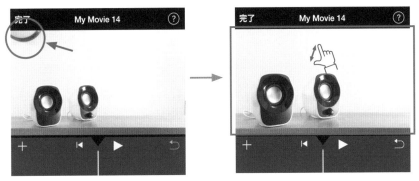

余計なモノが映り込んでしまった！　　　　　　画面を拡大することで見えなくなった

【操作手順】

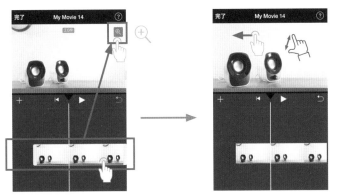

① タイムライン上の動画素材をタップすると、プレビュー画面の右上に ⊕ が表示されるのでタップ。「ピンチでビデオを拡大縮小」と表示される

② プレビュー画面をピンチアウトで拡大し、左側にドラッグして移動させる。左上の不要物が見えなくなった

講座
5
プロも使っている編集の鉄板技

2 別の映像をかぶせてごまかす

「商品の背後の壁に、映ってはいけないモノがあることに編集段階で気づいた」という事例です。この場合では、1で紹介した「部分的に拡大してごまかす」という方法が使えないため、別の映像をかぶせてごまかすことにします。iMovie の［ピクチャ・イン・ピクチャ］を使います。

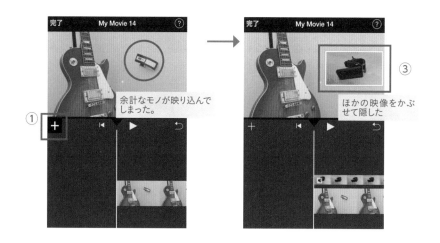

【編集手順】

① 画面左上の ✛ をタップ

② 上に重ねるビデオや写真を選択し、••• をタップし、［ピクチャー・イン・ピクチャ］をタップ

③ 元のビデオの画面の中に、重ねて取り込んだビデオ（サブ画面）が表示された

④ 重ねたビデオクリップをタップし、プレビュー画面右上に表示される ✛ をタップ

⑤ プレビュー画面のサブ画面はドラッグで移動できるので、ステッカーが隠れるように移動させる。🔍 をタップすると［ピンチで拡大縮小］もできる

3 手ぶれは修正できない

編集段階で、修正できないもの・やりにくいものがあることを知っておきましょう。例えば、手ぶれ映像は補正できませんので、はじめから三脚を使って撮影します。また、iMovie のタイムライン上で映像を明るくするといった修正はできません。「写真」アプリの［編集］で加工し、その後、タイムラインに読み込み直す必要があります。

POINT

撮影の良くある失敗に注意！日常的に目にしているものほど、気づくのが難しい

ここで取り上げた撮影の失敗事例は、「そんなミスをするわけがない」と思うかもしれない。しかし、意外とよくやってしまうことばかり。日常的に目にしているものほど、気づくのが難しいので注意が必要。

普段使っているノートパソコンに貼ったシール、オフィスの壁に貼られたカレンダーの会社名、本棚に並ぶ書籍や雑誌……映ってはまずいものがいっぱい。

また、エアコンの雑音が意外と大きく耳障り、という失敗もよくある。

撮影に何年も関わっている人でも、必ず起こってしまうミスの1つと考えて、撮影の際は注意深くチェックしていこう。

録音で失敗した

録音はうまくいくことの方が少ない、と考えたほうがいいかもしれません。それぐらい難しいのです。どのようなミスがあるか、またその対処法についてまとめました。

1 音量がバラバラになってしまった→ 🔊 でそろえる

室内の映像と屋外の映像の音が違いすぎることがあります。全体の音量サイズをそろえましょう。

途中にインタビューをはさむ場合は、その声が一番大きくなるようにします。

【操作方法】

① 再生ボタンをタップして音量を確かめる

② ビデオクリップをタップ

③ 🔊 ボタンをタップ

④ オーディオバーを左右に動かして音量を変更し、再生して聞こえ方を確かめる

※耳で聞いて音量を調整する方法なので、絶対ではないが、ある程度の修正はできる

2 雑音で聞き取りにくい！→音量を下げ、テロップを入れる

収録はきちんとできたものの雑音がひどい、ということもあります。iPhone アプリの iMovie で編集する時は、いさぎよく諦めて、耳障りにならない程度の音量に下げてから、[タイトル]（テロップ）を入れて補いましょう。

POINT

人が一度に認識できる文字数は13文字程度

[タイトル]（テロップ）は1行13文字程度を目安にすると分かりやすい。1つのクリップに入れられる [タイトル] は1つなので、短い文章を繰り返して入れるときはクリップ分割をする必要がある。そもそも、テロップが無くても通じる撮影を目指し、本当に大事なことだけテロップとして入れると効果的。

3 どうしても声を入れなおしたい→アフレコを行う

雑音が入ったり、声が小さくて聞き取りにくいなど、撮影・録音に失敗した上で、それでもどうしても声を使いたい時は、アフレコ（後からナレーションを入れる）を行います。

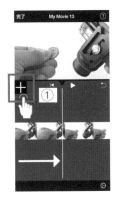

① ナレーションを入れたい場所に再生ヘッドを移動し、➕をタップ

② ［アフレコ］をタップ

③ 録音待機状態になるので［録音］をタップ

④ カウントダウンが始まる。「録音中」と表示されたらスマホに向かって話し出す

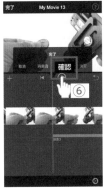

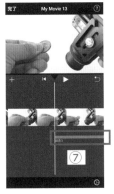

⑤ 録音中は赤いバーが表示される。録音し終えたら［停止］をタップ

⑥ ［確認］をタップすると録音の確認ができる。［取消］［再録音］もできる

⑦ OKなら［決定］をタップ。ナレーションが取り込まれる

4 言葉の言い間違いは致命的→その動画を使わない

「お客様の名前の読み方が間違っている」など、インタビューのコメントの間違いもあるかもしれません。ただこれは、iPhone の iMovie での修正は困難。そのコメントは使わないという判断が手っ取り早いでしょう。

5 使わない音声は？→削除しないで無音にする

ビデオの音量をオフにする時、ビデオクリップをタップして、［切り離す］ボタンをタップすれば、映像と音声を切り離して音声が簡単に削除できます。これも1つの方法です。

しかしビデオから音声を削除してしまうと、もう元に戻せません。後で、セリフを使いたくなることもあります。

そのため、確実に音声を使わないという時以外は、削除しないで音量を下げるという方法がオススメです。

6 音がなくても分かる動画を作るという方法も

動画がどこでどんな状況で見られるのかを考えてみます。

SNS ならば通勤電車の中だったり、ウェブページに埋め込まれた動画なら職場のパソコンだったり。

実は、音を出さずに見られることが多いのも、ビジネス関連動画の特徴の1つです。ということは、編集段階から「見るだけで理解できる動画」に仕上げておくことはとても大事なことなのです。

この場合は、テロップなどの文字情報を取り入れましょう。

5-6 動画の長さについての考え方

長さを調整する編集が、動画の質を上げることになる

動画は、「撮ったビデオを並べたら完成」とはならず、動画の長さの調整という大事な作業があることは、すでにお伝えしてきたとおりです。ここでは、あらためて動画の長さ問題についてまとめてみました。

1 どこを生かし、どこを削るかは企画書に準じる

多くの場合、結果的にどのくらいの長さの動画になるのか、見当がつかないまま撮影しています。著者もその1人です。撮った後に並べてみて、長いと感じれば削る場所を探しますし、短ければそのまま仕上げに入ります。

ただし、次の2点は明確にしています。

（1）公開する場所と対象となる視聴者像によって、完成動画の長さがある程度決まっている

（2）何と何を撮りたいかが撮影前に決まっている

これらは、講座3「動画の構成と企画」で詳しく解説している通り、企画書が編集や仕上げの際の判断基準になっています。どこを生かし、どこを削るかは企画書に準じます。そうして、編集作業で撮った動画素材を並べてみて全体の長さを調節していきます。

2 長さを調整する際の基本的な考え方

長さの調整には、例えば次のようなことを考えます。

●長いと感じないか。

●言いたいことは伝わるか。

●見て欲しいものは印象に残るか。

●話すスピードや速すぎないか・遅すぎないか。

●テロップはきちんと読めるか。

●最後のロゴやURLは読み取れるか。

③ 長く感じるかどうかは最終的に相手の好みで調整する

基本的には企画書に準じるとして、一方で、長さとか印象といった感覚的な部分はどうすればいいのでしょうか。自分1人で作るなら、「自分がどう感じるか」が判断基準です。上司やクライアントなどチェックする相手がいるなら、相手の好みに合わせることになります。

④ 目的別に短い動画をたくさん作る方法も

1分の動画を作ろうとしているのに、どうがんばっても5分くらいの長さになってしまう。また、撮影したものは全部大事で削除できないという場合もあります。そんな場合は、1分ずつ5つの動画を作り、動画の内容をシリーズ化するなどして目的別に小分けして編集します。短い動画をたくさん作るのです。
当然タイトルにも、「その1、その2」とか、「第1回（全5回）」などと記載します。もしくは、公開場所によって違うバージョンを作ってもいいでしょう。
SNS用にはパッパと早い展開のバージョンを、ウェブページに埋め込む動画は長いフルバージョンをなど。これにより相手が見たい部分の動画だけを見てもらえる可能性が高まるという効果も狙えます。

⑤ こうすれば絶対にうまくいく！という魔法はない

結局、こうすれば絶対にうまくいく！という魔法はありません。まずは作ってみる。その動画の反応を見て、うまくいったことは続け、失敗したことは生かして、次の動画をよりよくする。これを繰り返していくことでレベルアップしていき、皆さんならではの「鉄板動画」を作り上げていく。

動画には、「長さを調整する」という大事な作業があるからこそ、動画の質を向上させていくことができるとも言えます。

講座 6

YouTube に動画を
公開する方法

ビジネス動画で大事なのは、見てもらう
ことと、その先につないで目的を達成する
こと。この章では、「YouTube」での動画
公開の方法について解説します。

※パソコンでの操作で説明している箇所もあり
　ます。

6-1 | YouTube に動画をアップする準備

ビジネス動画を公開し多くの人に見てもらうためには YouTube の活用は必須。
動画をアップロードするまでの基本的なフローを解説します。

YouTube の特徴

YouTube

YouTube はオンライン動画共有プラットホームで、動画のアップロードや閲覧など
ができます。YouTube は更新頻度が高いため、本書では基本的な
操作方法を紹介しています。最新情報は YouTube ヘルプで確認
してください。https://support.google.com/youtube

1 動画アップロードには Google アカウントが必要

YouTube にログインすると、動画のアップロードなど、YouTube の機能を利用
することができます。ログインには、Google アカウントが必要です。事前に取得
しておきましょう。（上記のヘルプ URL に作成方法が詳しく紹介されています）
Google アカウントを削除すると、YouTube のデータもすべて削除されるので、
注意が必要。

2 YouTube を活用して多くの人に動画を見てもらえる

動画を YouTube で見てもらうこともできますし、YouTube にアップロードした
動画を、ウェブページやブログに埋め込んだり、Facebook や Twitter でシェア
したりと、いろいろな方法で見てもらうことができます。

POINT

YouTube のユーザーインターフェースは変更頻度が高い

YouTube のユーザーインターフェース（操作画面）は更新頻度が高く、気づくと変わっていること
が多い。そのため、YouTube とは、操作ボタンの場所を覚えるのではなく、「こんな作業ができる
はずだ」という視点で付き合っていくとうまくいく。

YouTube に動画をアップするまでのステップ

YouTube に動画をアップしていきましょう。その方法を以下の3ステップで説明していきます。※事前に Google アカウントの取得が必要です。

1 YouTube チャンネルを作成する（PC 操作で説明）

お店の PR に使うビジネス動画なので、ブランドチャンネルの作り方を解説します。

2 YouTube チャンネルをカスタマイズする（PC 操作で説明）

アイコン画像、チャンネルアート画像を変更したり、説明をつけたりしてカスタマイズし、個性的で見つけてもらいやすいチャンネルを作成します。

3 YouTube に動画をアップロードする

作成した動画をアップロードします。

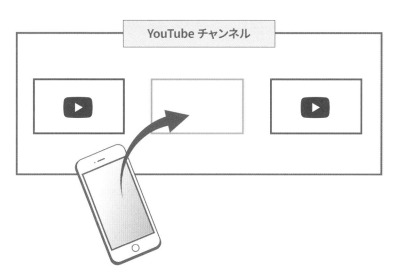

YouTube チャンネルを作成する （PC 操作で説明）

個人のチャンネルではなく、仕事などで使うブランドアカウント名（ブランドや会社名など）で YouTube チャンネルを作っていきます。

なお、ここではスマホアプリではなくパソコン操作で解説します。

【準備するもの】

● Google アカウント

●ブランドチャンネル名 →ここでは［ビジネス動画 Gold］とします。

※本格的に始めるときには、ほかのチャンネルのタイトルを参考にしながら、覚えやすい、検索にかかりやすいなどを考慮しながらつけましょう。

【作成方法】

① YouTube （https://www.youtube.com/）にアクセス

② 右上の ［ログイン］ をクリックして、Google アカウントを入力

③ ログインすると、右上には丸いアイコンが表示される

④ アイコンをクリックし、［アカウントを切り替える］をクリック

⑤ ［チャンネルをすべて表示］をクリック

⑥ ［＋チャンネルを作成］をクリック

⑦ [チャンネル名の作成] で、ブランド
アカウント名（チャンネル名）を入力

⑧ ここでは [ビジネス動画 Gold] とした。
☑ を入れて、[作成] をクリック。

⑨ YouTube チャンネルが作成された

講座
6

YouTubeに動画を公開する方法

213

YouTube チャンネルをカスタマイズ (PC 操作で説明)

YouTube チャンネル上部に表示される背景またはバナー画像（チャンネルアート）、チャンネルの説明を加えていきます。まず、プロフィール画像を変更します。

1 プロフィール画像やバナーの変更

【準備するもの】

●アイコン用の画像（推奨サイズは800×800ピクセル）

【作成方法】

① ［アイコン］ー［チャンネル］でチャンネルを開き、［チャンネルをカスタマイズ］をクリック

② YouTube Studio が開く

③ ［ブランディング］クリック

カスタマイズの説明が表示される

④ 写真

プロフィール写真（画像）は98 x 98ピクセル以上、4MB 以下の画像を推奨。PNG または GIF（アニメーションなし）ファイル

⑤ バナー画像

チャンネルの上部全体に表示される。

2048 x 1152ピクセル以上、6MB 以下の画像を推奨

⑥ 動画の透かし

透かしは、動画再生時に、動画プレーヤーの右隅に表示される。150 x 150ピクセルの画像推奨。1MB 以下の PNG、GIF（アニメーションなし）、BMP、JPEG ファイル

2 チャンネルに説明をつける

次に、［基本情報］をクリックし、チャンネルの説明やメールアドレスなどを、追加していきます。

【準備するもの】

●チャンネルの説明文　●リンク先 URL　●メールアドレス（問い合わせ用）

① ［基本情報］をクリックし下記の情報を入力していく

［チャンネル名］［説明］

画面に表示される説明を確認しながら入力していく。

［リンク］

視聴者と共有するサイトのリンク先 URL

［連絡先情報］

視聴者からの問い合わせ先メールアドレス

3 チャンネルのレイアウト

[レイアウト] では、下記の表示指定ができます。

【動画スポットライト】

チャンネル登録していないユーザー向けのチャンネル紹介動画や、チャンネル登録者向けのおすすめ動画を指定できる

① ［追加］をクリックし動画を選択

【注目セクション】

チャンネル ホームページのレイアウトをカスタマイズできる

② ［セクションを追加]をクリックし、表示されたセクションを選択

③ 表示されたセクションをドラッグで入れ替える

iPhone で作った動画を YouTube にアップロードしましょう。

1 ログインして、アップロードする動画を選択する

iPhone から、iPhone に保存されている動画を YouTube にアップロードします。

【操作手順】

① アプリをタップし、YouTube を起動する

② 希望する企業名やブランド名でログインする

※画面右上のアイコンをタップすると、アカウントやチャンネルを確認や変更ができる

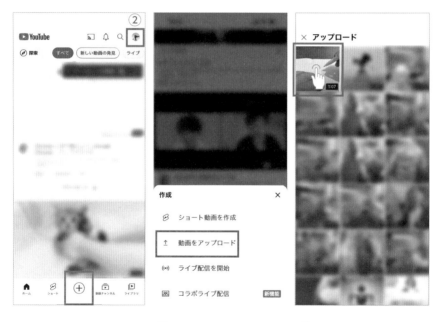

③ 画面下部中央の ⊕ アイコンをタップする

④ 「動画をアップロード」を タップする

⑤ 動画ファイル一覧が表示され、動画をタップすると、その動画が読み込まれる

2 アップロードする動画の内容を確認する

動画が自動再生されるので内容を確認します。［ショート動画］として編集することもできます。

【操作手順】

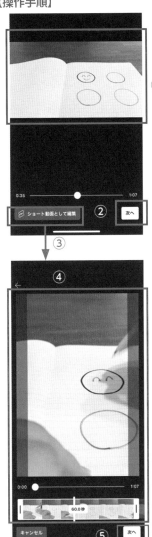

① 読み込んだ動画が自動再生される

② 内容を確認して問題が無ければ［次へ］をタップ

▶「詳細を追加」については、「 3 タイトルや公開設定を記入しアップロード」にて解説

［ショート動画として編集する場合］

③ ［ショート動画として編集］をタップすると、ショート動画（最大60秒までの縦型動画）としてアップロードすることもできる

④ ショート動画の編集画面は、自動的に動画が縦型にトリミングされている

ビデオクリップに表示されている動画が投稿されるので、クリップをドラッグして投稿する部分を変更できる。

クリップの左右をドラッグして動画の表示秒数を変えることができる

⑤ 確認したら［次へ］をタップ

⑥ 次の画面では下記のボタンが表示されるので必要な加工をする

⑦ ⑧ ⑨ ⑩

⑦ サウンド／音楽を追加する

⑧ テキスト／テキストを入れる

⑨ タイミング／テキストを入れるタイミングの設定

⑩ フィルタ／フィルタの設定

⑪ 加工したら［次へ］をタップ

▶「詳細を追加」については、「 3 タイトルや公開設定を記入しアップロード」にて解説

217

3 タイトルや公開設定を記入しアップロード

動画のタイトルなどを設定していきます。

アップロードした後からでも、変更可能です。

【操作手順】

① [詳細を追加] で、[タイトル] [説明を追加] [公開設定] [視聴者層の選択] などをタップして入力する

② 入力できたら、[アップロード] をタップする

POINT

公開設定を使いこなそう

[公開]

●動画のアップロードと同時にネット上に公開される

※インスタント プレミア公開というのは視聴者とコミュニケーションを取る際に使う機能。詳しくは YouTube のヘルプで確認を

[非公開]

●このチャンネルにログインできる人だけが視聴できる

[限定公開]

●アップロードした URL にアクセスすることで視聴できる

●ビジネスにおいては、[限定公開] で関係者に確認をしてもらい、承認を得た後に [公開] に変更するという方法がよく使われている

[スケジュールを設定]

●公開時間を設定できる

6-3 アップロードした動画を確認する

1 アップロードした動画を確認する

[アップロード] をタップするとアップロードが開始されます。YouTube にアップした動画は、次の方法で確認できます。

【操作手順】

① 画面右下の [ライブラリ] をタップ

② [作成した動画] をタップ

③ アップロードした動画一覧が表示される

2 アップロードした動画の URL を確認する

アップロードした動画の URL を確認します。URL を共有して動画の事前確認や、多くの人に見てもらうことができます。

① 動画の横の ⋮ を
   タップ

② ［動画を共有］
   タップ

③ ［コピー］タップ

④ 動 画 の URL が
   コピーされた

※公開設定が［非公開］の場合は、［共有］を
タップすると［限定公開］になる

POINT

コピーした URL の活用

URL をメールに貼って、動画の事前確認をしたり、多くの人に知らせたりすることができる。

URL のコピーの他に［動画を共有］でできること

「Facebook」「Twitter」「Gmail」「Messenger」「Email」「Line」などのアプリに動画の URL
を貼ることができる。

3 アップロードした後に動画タイトルなどを編集し公開する

アップロードした後に［タイトル］［説明］［公開設定］［場所］などを編集することができます。

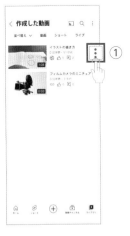

①動画の横の　を
　タップ

②［編集］をタップ
　※［削除］では動
　画を削除できる

③それぞれタップして
　設定し終わったら、
　右上の[保存]をタッ
　プする

POINT

ビデオ撮影時の解像度 / フレームレート設定を変更する

iPhoneの「カメラ」でビデオ撮影をする際、基本的には、デフォルト設定 [1080p HD/30fps] のままでも問題ないが、特定の目的がある場合には設定を変更することができる。

「設定」－「カメラ」－［ビデオ撮影］で表示される。

数字は、「解像度 / フレームレート」を表し、画面上で下に行くほどファイルサイズ（容量）が大きくなる

[720p HD/30fps]

小さいファイルサイズが求められる時や保存容量を節約したい時などに選択。しかし編集アプリで書き出し時に解像度を下げ、サイズを小さくすることができるので特別な事情がない限り選ぶ必要はない。

[1080p HD/30fps]

デフォルト設定でもあり、現在もっともスタンダードで無難な設定。

[1080p HD/60fps]

動きが早いものを撮るときに選択。通常速度での再生ではあまり違いは分からないが、編集アプリでスローにするなどした時、映像がブレたようになるのを抑える効果がある。

[4K/24fps]

4K はさらに高画質のことで、24fps は映画のような印象で撮れるモード。ドラマを撮るときに選択するとよい。

[4K/30fps]

より高画質で撮りたいときに選択。高画質なので、応用例として工場での溶接作業の手元を少し離れたところからこのモードで撮影し、編集アプリで少し拡大するという使い方もできる。

[4K/60fps]

高画質および、スピードの速いものを撮るときに選択。

スローモーション撮影時の解像度 / フレームレート設定を変更する

「設定」－「カメラ」－［スローモーション撮影］で表示される。

［スピードの速いものを撮る時、iPhone「カメラ」の［スロー］撮影をすると、動きをじっくり伝えることができる ］

設定の数字が大きいほど再生した時のブレ具合が減ってはっきり見ることができる。

撮影現場で何度も撮り直しができない時は、iPhone の容量に余裕があるなら 240fps にして撮るとよい。機種によっては、解像度が［720p］と［1080p］を選べるが、スロー撮影は情報量が多い方がいいので、基本的に [1080p] を選びたい。

これらの設定は、「カメラ」アプリの［ビデオ］や［スロー］で撮影する際にも変更できる

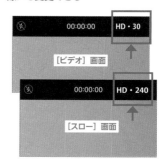

講座 7

作った動画を YouTube や SNS で 活用するテクニック

作成したビジネス動画は YouTube に アップしてからが勝負。ウェブページ、 Facebook、Instagram、TikTok での公開、 活用方法を紹介し、どのようにしたら多く の人に見てもらえるのか、そのコツを解説 していきます。TikTok や Instagram は アプリで撮影して動画を公開することもでき ますが、ここでは他のアプリで作成済みの 動画をアップロードするという流れで解説 します。
（Twitter での公開方法は講座 1 で解説）

7-1 | YouTube 動画の活用方法

ビジネス動画で重要なのは、見てもらうことと、その先につなげること。YouTube に投稿した動画は、会社が運営するウェブページに埋め込んだり、SNS を活用したりすることで、多くの人に見てもらうことができます。
そのコツについて説明していきます。

YouTube にアップした動画を活用する方法

YouTube にアップした動画を活用する方法はたくさんあります。ここでは、以下の方法について順を追って解説していきます。

① ウェブページに動画を埋め込み多くの人に見てもらう

ウェブページに、YouTube 動画を埋め込みます。
多くの人に見てもらうためには、サムネイル画像やテキストの内容も重要です。
下記のポイントについて説明していきます。
- サムネイル、テキストの工夫はすべての基本
- ウェブページに動画を埋め込む
- ランディングページに動画を埋め込む

② SNS を活用して多くの人に動画を見てもらう

YouTube にアップした動画や、iMovie などで作成した動画を、SNS を活用して拡散し多くの人に見てもらいます。
本書では、下記 SNS について、動画の公開方法と、その基本的な活用方法についてまとめています。
- Facebook
- Instagram
- TikTok

7-2 | サムネイルでアクセスアップ

YouTube 動画のアクセスアップに、サムネイルはとっても重要。ここでは、設定方法、効果的な作り方について説明します。

サムネイルとは

YouTube にアクセスするとサムネイル画像がズラッと並んでいます。動画の表紙のようなものです。動画の内容が分かって、目を引く画像を設定しましょう。YouTube で自動生成もされますが、自作画像のアップロードもできます。

YouTube の検索結果などにずらりと並ぶサムネイルは、動画の表紙のようなもの。視聴してもらえるかどうかを大きく左右するのでとても重要。

自動生成もされるが、ぜひ自作画像で目を引くサムネイルを設定しよう！

サムネイルの設定方法（自動生成された画像から選択）

YouTube に動画をアップロードすると、自動的にサムネイルが生成され（動画の中の一コマが使われ）、何もしなくても動画公開時にサムネイルが表示されます。自動生成された画像から選択することも可能です。以下、PC 操作で説明します。

【設定手順】

① YouTube にアクセス・ログイン。アイコンをクリック。[チャンネル] をクリック

② **動画を管理** または、「作成した動画」をクリック

③ アップロード済みの動画一覧から、サムネイルを設定したい動画を選択して、そのサムネイルをクリックする

YouTube で3枚のサムネイルが自動生成されている

④ サムネイルの項目に、自動的に生成された3枚の静止画が並んでいるので、1つを選択し [保存] をクリックする。サムネイルが設定される

自作のサムネイルをアップロードする方法

自分の好きな画像をアップロードすることもできます。

画像の推奨サイズは、横1280ピクセル×縦720ピクセル、2MB以下。

適切なサイズは縦横比16：9つまり「横：縦＝16：9の比率」です。サイズが異なると、サムネイルの左右や上下に黒い背景が表示されます。

【設定手順】

①〜④は、左記「サムネイルの設定方法」に同じ。

⑤サムネイルの項目、一番左の［サムネイルをアップロード］をクリックし、パソコンなどに保存されている画像を選択してアップロードし、「保存」をクリックする。

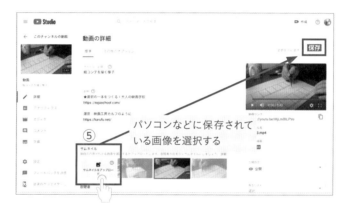

パソコンなどに保存されている画像を選択する

POINT

iPhoneで縦横比16：9の写真を撮影する方法

サムネイルは、ウェブ担当者がパソコンのデザインソフトで写真の縦横比を編集して作成する場合が一般的だが、iPhoneで縦横比16：9の写真を撮影する方法を覚えておくと便利。

●「カメラ」の標準は4：3だが、設定で16：9の写真撮影が可能

① 「カメラ」アプリで上部の　∧　をタップ → 　∨　に変わる

② 下部に表示される　⚡ ⊙ 4:3 ⏱ 🔆　の4：3をタップし、表示される 16:9 をタップし撮影。

●その他の方法で16：9の写真撮影をする方法

① ［ビデオ］モードで動画を撮影

② 撮影中に　■　の横に表示される ◯ （白のシャッターボタン）を押せば16：9の写真を撮影することができる。

サムネイルを自作する時の３つのポイント

【ポイント1】適切な画像を選定する

●何の動画なのかがすぐ分かる画像を使う

●小さく表示しても何の動画なのかすぐ分かる画像を使う

×   ○

●人が登場すると個性的になる

顔のアップではなく、上半身を入れることで上品さが出る。制服を着用したり、工事ヘルメットをかぶったりして、業種や職種を表現するのもいい

【ポイント2】適切な文字のサイズにする

●あれもこれも書こうとは考えず、一瞬で目に入る文字数とサイズを意識する
　「ちょっと大きいかな」と感じるくらいでちょうどいい

【ポイント3】画像と文字の組み合わせを工夫する

●明るい背景に濃い文字
　文字も読みやすく、情報を伝えるのに
　向いている

●濃い写真に白い文字
　文字が印象的に伝わり、おしゃれなイメージ
　を伝えるのに向いている

●画像と文字の分割表示
　簡単にスタイリッシュなデザインになる

7-3 [Phonto] アプリでサムネイルを簡単作成

 サムネイルは iPhone アプリを使って簡単に作ることもできます。ここでは「Phonto 写真文字入れ」という画像に文字を挿入できるシンプルなアプリで、上記のようなサムネイルを作る方法を紹介します。

【操作の流れ】

①　Phonto を起動する

②　写真を取り込む。(Phonto に画像の回転、トリミング機能がないのであらかじめ編集しておく)

③　文字を追加して、修飾する。(フォント、スタイル、サイズ、位置などを変更できる)

④　画像を保存する。([写真] に保存される)

※画像は、YouTube、Instagram などでサムネイルとして活用できる

POINT

『Phonto 写真文字入れ』で作成できる画像は次の2種類

①　元の写真の縦横比と同じ画像

　　YouTube のサムネイルは、16:9の縦横比が適切サイズなので、あらかじめ16:9で写真を撮っておこう。

②　正方形の画像

　　正方形の画像は Instagram に効果的。「Phonto 写真文字入れ」で正方形に加工できるが、あらかじめ「カメラ」の [スクエア] 設定で正方形に加工しておこう。

「Phonto 写真文字入れ」の基本的な使い方

サムネイルは、伝わる写真と文字を組み合わせてシンプルに作るのがコツです。

【操作方法】 ①写真の取り込み方

① アプリを起動する

② カメラアイコンタップ

③ [写真アルバム] タップ

④ サムネイルに使用する
写真をタップして取り込む

⑤ フィルター画面に切り替わ
る。好みのフィルターを選
び右上の [完了] をタップ。
写真を正方形化する場合
は 🔲 をタップして⑥へ

⑥ 表示された下部のボタン
で、正方形化するときの
パターンを選択し [完了]

講座
7
作った動画をYouTubeやSNSで活用するテクニック

【操作方法】 ②文字の入れ方

「写真をタップ」
がポイント！

⑦ 画像をタップすると［文字を追加］という表示が出るのでその表示をタップ

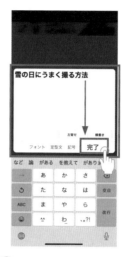

⑧ 文字を記入して［完了］をタップ

⑨ 入力した文字をドラッグして場所を決める

⑩ ［サイズ］をタップすると、文字の大きさを調整できる。［スタイル］で文字色の修飾ができる

⑪ ［スタイル］→［ストローク］で文字に縁取りができる。（色をタップし縁の幅を変更できる）できたら［完了］、キャンセルは［×］をタップ

【操作方法】 ③画像の保存

⑫ ［共有ボタン］をタッ
プして画像を保存

⑬ ［画像を保存］をタップ

⑭ 画像が保存される

⑮ 書き出された画像は、
「写真」に保存され
ている

POINT

サムネイルは横長で作る

YouTube 上での動画は、縦動画や横動画、両方とも見かけるようになった。どちらが正解という
ことはないが、サムネイルに関して、現在はすべて横長で作成した方が無難。

しかしながら、これはやがて変化していく可能性もある。

サムネイル作成に Canva（キャンバ）が人気

Canva は誰でも簡単にデザインを作成できるグラフィックツール。テンプレートが豊富でカスタマイズ
してサムネイルを作ることができる。無料でも使えるが、ログインが必要。

7-4 ウェブページに動画を埋め込む

ここからは自社のウェブページで動画を表示する方法について説明していきます。
まずは、「動画を見てもらえる」ポイントを3つにまとめてみました。

1 動画があることを明記する

●クリックする前から、メニューバーなどで「動画がある」と伝える

例）「施工事例動画」「就活ノウハウを動画で解説」

2 タイトルに「動画」と入れる

●ページタイトルで「動画がある」と伝える

例）「運営者から動画でごあいさつ」「会員様向け動画マニュアル」

3 動画の上に説明を入れる

●動画のすぐ上に「どんな内容が見られるのか」を載せておく。長さも表示すると
さらに親切

例）「前回のワークショップのようす」「弊社出展ブースのご紹介（2分）」

ウェブページに動画を埋め込む方法（PC 操作）

会社のウェブページに埋め込んで動画を活用します。その手順について説明します。作業はパソコン操作で行います。ここはウェブページを管理している担当者（ウェブ担当者）と一緒に行ってください。

1 YouTube から埋め込む動画のタグをコピーする

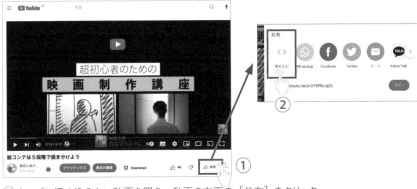

① ウェブに埋め込みたい動画を開き、動画の右下の［共有］をクリック
② 共有方法が表示されるので、［埋め込む］をクリック

③ <iframe 〜 </iframe> 記一式をコピーし、ウェブページに埋め込む

POINT

同じURLで動画の置き換えはできない

YouTube に新たにアップロードした動画には URL が付くが、すでに一度アップロードしている場合、同じURLのまま動画だけ置き換えることはできない。異なる動画を表示させたい場合は、改めてアップロードし、新しいURLを使うようにしよう。

ランディングページに動画を埋め込んで PR する

ランディングページとは、申し込み・購入・入会など、具体的な行動をとってもらうことを目的としたウェブページのこと。動画が埋め込まれることでより訴求力が強くなります。一般的に、縦に長い1ページで表現します。
動画を埋め込んで使う際の効果的なポイントを解説します。

【埋め込み方法】

●ウェブページと同じ方法で動画を埋め込みます。

【効果的なランディングページのポイント】

ランディングページは、読み手の興味を引きつけて、行動してもらう構成を考えて作る必要があります。そのための動画の使い方・配置は次のようになります。

【冒頭】興味を持ってもらう

●キャッチーな機能や使い方を動画にする。

【途中】興味を持った人をぐいぐい引っ張る

●機能やウリを動画でさらに掘り下げる。

【最後】背中を押す（購買や申し込みを促す）

●手に入れた後の状況をイメージさせる動画が

おすすめ。

7-5 | SNS で多くの人に動画を見てもらう

会員交流サイト SNS は、多くの人の目に触れやすく拡散されやすい、という特徴があります。SNS で拡散すると動画は文章よりも記憶に残る可能性が高く効果的です。ここでは、Facebook、Instagram、TikTok での公開方法について紹介します。（Twitter での公開方法は講座Ⅰで解説しています）

SNS ×動画の特徴

① SNS のサービスを利用する場合は、各アカウントが必要

SNS のサービスを利用して動画をシェアする場合は、あらかじめ、各メディアのアカウントを取得する必要があります。

各サイトにアクセスして、事前に取得してください。

② SNS はスマホで閲覧されることが多い

SNS で活用することを考えるならば、動画を作る時、スマホだとどう見えるのか？をあらかじめ意識する必要があります。

例えば、引きの映像だと小さくなるので寄りの映像を多用する、といったことです。

スマホ閲覧がメインの場合は、動画は縦型で作る方がいいでしょう。

③ SNS は印象に残すのに向いている

定期的に特定のジャンルにまつわる動画を投稿することで、繰り返し目に触れ、印象の刷り込みが可能になります。まさにテレビ CM のような効果が得られます。

④ SNS の特徴に合わせた動画作りを

SNS には、それぞれ特徴があるため、利用するユーザー層が異なります。動画でアクセスしたいターゲットはどこに多いのか、目を引くためにはどんな動画がいいのかを、他の動画を参考に研究しましょう。

なお、SNS によっては横動画より縦動画の方が適しています。現行バージョンの iMovie は、縦動画に対応していないため、VLLO など別のアプリをご利用ください。（講座8参照）

Facebook に他のアプリで作成した動画を公開する

 Facebook に動画を公開する方法は2種類あり、見え方もそれぞれ
異なります。

1 Facebook に YouTube 動画の URL を貼り公開する

YouTube 動画の URL をコピーして、Facebook の投稿ページに貼り付けてシェア
（共有）します。また、Facebook ボタンをタップしてシェアすることもできます。

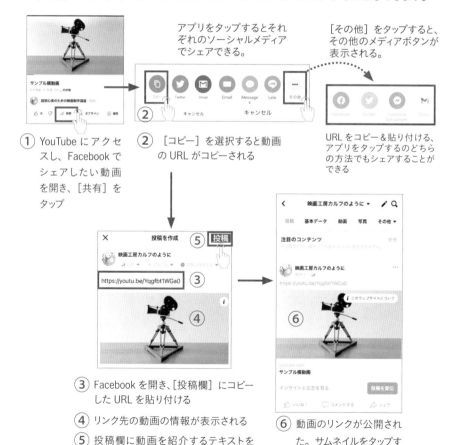

アプリをタップするとそれ
ぞれのソーシャルメディア
でシェアできる。

[その他] をタップすると、
その他のメディアボタンが
表示される。

① YouTube にアクセ
スし、Facebook で
シェアしたい動画
を開き、[共有] を
タップ

② [コピー] を選択すると動画
の URL がコピーされる

URL をコピー＆貼り付ける、
アプリをタップするのどちら
の方法でもシェアすることが
できる

③ Facebook を開き、[投稿欄] にコピー
した URL を貼り付ける

④ リンク先の動画の情報が表示される

⑤ 投稿欄に動画を紹介するテキストを
入力し、[投稿] をタップ

⑥ 動画のリンクが公開され
た。サムネイルをタップす
るとリンク先が開く

2 Facebook に動画を直接アップロードする

Facebook をスクロールして見ていくと、自動的に再生される動画があります。
より興味を引き、閲覧数が高くなるアップロード方法でおすすめです。
その方法について、説明します。

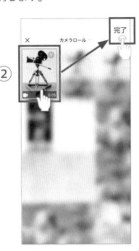

① Facebook を 開 き、
 ［写真・動画］を、
 タップ

② シェアする 動 画 を
 タップし、［完了］を
 タップ

③ 動画が表示される。
 テキストを入力し、
 ［投稿］をタップ

講座
7

作った動画をYouTubeやSNSで
活用するテクニック

POINT

Facebook ページを活用しよう

Facebook 内に個人アカウントとは別に「Facebook ページ」を開設することができる。「Facebook
ページ」は、ユーザーがログインしていなくても閲覧可能で、ビジネス向けの機能も豊富。会社や
お店、団体などのブランディングや PR に役立つ。

複数の人が管理人として運用でき、管理しやすく、無料で開設できるので多くのブランドで活用され
ている。

※詳細は［Facebook ヘルプセンター］で検索し、確認してください。

Instagram に他のアプリで作成した動画を公開する

複数のアップロード方法がありますが、ここでは１つの方法を紹介します。アップロード方法やボタン表記は頻繁に変わりますので、ボタン位置よりも操作フローに慣れることが大事です。

1 Instagram への動画アップの手順

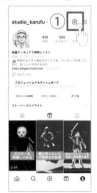

① Instagram で自身のページを表示させ［＋］をタップ

② ここでは［リール］をタップ

③ 撮影画面になる。画面左下の素材アイコンをタップ

④ 素材を選択し、［追加］をタップ（素材の前後のカット可能）

⑤ ［次へ］をタップ

⑥ 必要なら音楽をつけたり装飾したりして、［次へ］をタップ

⑦ キャプション、＃を記入して［シェア］をタップして公開

［カバーを編集］で表示させるサムネイルを選択できる

2 縦長動画と横長動画の表示の違い

Instagram では、横動画と縦動画で表示のされ方が異なります。どんな見え方になるのか、どちらが適切かを動画を作る前に確認しておきましょう。

縦で撮った動画

横で撮った動画

3 Instagram は # (ハッシュタグ) が重要

Instagram は動画を投稿するだけでなく、テキスト部分に「#〇〇」と入力して投稿しましょう。多くのユーザーが「#」検索を使っていることから、検索にかかるためにも動画でアピールしたい内容を「#」で発信することが重要です。

「#」は半角、複数の # を入力する時は、#〇〇と#〇〇の間に半角スペースを開ける、あるいは改行します。1回の投稿で最大30個まで付けられるので、10個以上付けると多くのユーザーに検索される可能性は高くなります。

講座
7
作った動画をYouTubeやSNSで
活用するテクニック

TikTok に他のアプリで作成した縦動画を公開する

TikTok は次々といろんな動画が流れてくるのが楽しい、エンターテイメント型のショート動画メディアです。TikTok アプリで撮影して動画を公開することもできますが、本書では別のアプリで作成した縦動画を TikTok にアップロードするという流れで解説します。

1 TikTokへの動画アップの手順

① TikTok を 開 き、[+] をタップ

② 撮影モードになる。今回は [アップロード] タップ

③ アップする動画をタップ

④ [次へ] をタップ（音楽をつけたり長さを調整したり装飾したりできる）

⑤ キャプション、ハッシュタグを記入
⑥ [投稿] をタップ

［カバーを選ぶ］をタップしサムネイルを選択したり文字を表示したりできる

⑦ 使用する音楽について確認し、[動画を投稿する] をタップして公開

SNS ショート動画との付き合い方

「誰でも簡単」「無料でできる」こんな誘い文句が多いからか、「YouTube に長い動画をアップするより簡単そう」と思われがちなのを感じます。しかし、それは本当なのでしょうか。

【SNS の良い点だけを見ないようにしよう】

「無料で PR になる」「話題になる」「拡散される」といった、SNS 特有の良い点ばかりが注目されます。しかし忘れてはいけないのは「そこに至るまで」です。

SNS でも、たった数本の動画で大きな話題になる、というのは非常にまれで、やはり「登録者数やフォロワー数を増やす」ことが欠かせません。そして、そのためには「地道な努力」「ある程度の日数」「何度もトライすること」、つまり、「継続力」と「創意工夫」が求められるのです。

【何から始めればいいのか】

では、どこから手を出せばいいのでしょうか。すでに事業を始められているなら、見込み客や既存顧客にすぐに役に立つ動画を作ることからスタートするのが、効率的ではないかと考えます。

動画を作り続ける「継続力」に必要なのは、やる気ではありません（やる気は、まず続きません）。必要なのは、「動画を見た人の反応」です。

見込み客向けなら、「使い道の紹介」「類似商品の中での選び方」などを動画にする。既存顧客向けなら、「詳しい使い方」「メンテナンス方法」などを動画にする。

見せたい相手とその悩みが明確な状況で動画を作る方が、作りやすいし継続しやすいだろうというのが著者からのアドバイスです。

その「見せたい相手」に届けるのに、PC を中心とした YouTube 動画がいいのか、スマホを中心とした SNS ショート動画がいいのか、を考えてみると答えが見つかるのではないでしょうか。

未来の公開場所に備える

今後も、いろんな新しいメディアや SNS が登場するでしょう。しかし、それらが人気になった時、ゼロから友達やフォロワーを増やすのは大変です。従来の SNS と連携させたり、ウェブページに埋め込むことができないかを考えましょう。

そしてその SNS の表示サイズや特徴を調べた上で、動画を企画していく。この方法はこれからも変わりません。

ネット上は、数多くの動画が公開されています。これらを参考にしながら、

● どんな動画が求められているか

● 長さはどのくらいか

● また場合によっては横ではなく縦型の動画がいいか

などを考えて動画を作っていきましょう。

そして、思ったような反応が得られなかったら、他の方法を試してみましょう。本書でお伝えしてきた「iPhone で作るビジネス動画」は、安価で手軽に制作できることが一番の特徴です。

いろいろなパターンを何本も制作して、SNS で何回もシェアして、そうして成功の鉄板パターンを手に入れてください。

ライブ配信について

本書では取り上げていませんが、ライブ配信は「自分がどう見えているかを把握している人向き」だと思います。そのため、何度か自分が映る動画を作ってみた後、トライするようにしましょう。

見え方だけでなく、話し方や声の出し方も大事です。

早口ではないか。聞き取りやすいか。

滑舌がよくなければ、ホワイトボードに文字を書きながら話す、などの対策も効果的です。

いずれにしても、明るさ、構図、声の撮り方などは、ビデオ作成もライブ配信も同じ。そのまま本書の情報が使えます。

講座8

周辺機材&アプリで
レベルアップ

iPhone用の機材やアプリは、目的別に日々、さまざまな種類が生み出されています。
ここでは、著者が実際に使っている機材&アプリを、できるだけ幅広く紹介します。

 このマークがある機材は、100円ショップで購入できることもあります。

8-1 | 機材編

iPhoneでのビデオ撮影用の機材も数多く発売されています。しかし選び始めると、きりがありません。本章はそんな無駄な時間を費やさないためのページです。

- 購入の際は、必ずお使いのスマホに対応していることを確認してください。
- あくまでも、スマホ本体を使って撮影する機材を取り上げています。スマホをモニターやリモコンとして使用する機材（ドローンなど）は省きました。
- いろいろなメーカーが似たような機材を販売しています。掲載している機種でなければならないという意味ではありません。

スマホ関連機材を選ぶときの3つの視点

［1］ その機材は何のためにあるの？

機材選びで必要なのは、「その機材の目的は何か？」という視点です。例えば三脚。三脚の目的は映像を安定させること。三脚に載せるカメラが重いほど、しっかりどっしりした三脚が適していることになりますし、載せるのがスマホなら、それほど重くなくても十分ということになります。

［2］ 誰がその機材を操作するの？

1人で撮る場合は、スマホに周辺機材をくっつけた方が便利です。一方で、何人かで撮るなら、機材を別々に持てばいいので、機材と機材を接続することはあまり深く考えなくてもいいです。

［3］ 後の編集作業に支障はない？

「映像と音声を別々に撮りたいので必要な機材を教えて欲しい」。よく聞かれる質問ですが、後の編集で合成作業が発生し、それをスマホアプリで行うのは大変です。後々の編集作業のことも考えた機材選びをしましょう。

POINT

本章では機材選びのオススメ度を★ ★で解説しています

★印は必須機材。最低限必要で、これがあればとりあえず動画制作に入れる。

★印は、あれば助かる機材。動画制作をしていると、必ず「もうちょっとなんとかできる機材が欲しい」と思うことがある。そんな時には☆印の機材を参考に。

三脚

映像を固定するために三脚は欠かせません。いろいろなタイプをご紹介します。

1 三脚と iPhone を接続するスマホホルダー ★

スマホホルダーは、三脚を使う際の必須器具です。100円ショップで手に入る
ものもあります。いろいろなタイプがあり、安定感があるタイプを選びましょう。
ネジ穴のサイズは一般的に手に入る三脚は全て共通であると考えていいでしょう。

 100円ショップで購入できるものもある

ネジ穴のサイズは、一般的に手に入る三脚は共通

横型撮影と縦型撮影を切り替えられるホルダーもある

2 スマホスタンド

水平な場所に限られますが、スタンドタイプも使いやすいです。高さと角度の
調整ができます。

「スマホ　スタンド」で検索。2,000円程度

3 三脚 ★

足が伸ばせて1メートル以上の高さにまでなる一般的な三脚は、1つあるとさまざまな場面で使えます。

SLIK GX6300など。3,000円程度

4 ミニ三脚 ★

視点の低い撮影に重宝します。手元の撮影にも向いており、100円ショップにも売っていますが、足がぐらぐらと不安定だと撮影しにくいので選ぶときに注意してください。下記に紹介するミニ三脚は、一眼レフも載せられるがっしりしたタイプです。

MyArmor社 ミニ三脚 ¥800など

5 首掛けスマホスタンド

首に掛けてハンズフリーで自分目線の動画撮影ができます。

簡易的なタイプは100円ショップにもある

6 くねくね三脚

椅子やフェンスなどにも取り付けることが可能で、アイデア次第で表現の幅が広がります。

［スマホ　くねくね三脚］で検索。1,000円〜1,500円程度

7 撮影スタンド

支柱が一本のスタンドタイプのもの。折り曲げる場所や首の角度も比較的自由自在なので、机の上を広く撮りたい、作業しているようすを真上から撮りたいといった状況で役立ちます。三脚と違って場所をとらず高さ調整や設置が簡単。

「スマホ 撮影スタンド」などで検索　4,000円程度

POINT

あれば便利。自由雲台で自由になれる！

必須とまではいかないが、あればさまざまな撮影に活躍してくれるのが、自由雲台。これを使うことで、iPhone の撮影角度がほぼ自由自在になる。

［自由雲台］で検索。
1,500円程度

真上からの撮影ができる

くねくね三脚や撮影スタンド、自由雲台を使えば、真上からの撮影も可能。料理の手順などを伝えるときに使えて便利。

講座
8
周辺機材＆アプリでレベルアップ

録音

本文でも何度も触れていますが、録音は注意が必要です。特に声が大事な撮影は、他の機材は差し置いても、録音機材だけはそろえておきましょう。

1 外付け (有線) ピンマイク ★

マイクのケーブルが長ければ離れた場所の音を鮮明に収録できます。とはいえ、長すぎるとケーブルが邪魔になるので、長さは2メートル程度のタイプが使いやすいと思います。

［ライトニング　ピンマイク］で検索。1,500円〜2,000円程度

3.5mm 4極プラグの機器と iPhone を接続する場合にはこのアダプタが必要

Lightning - 3.5 mm ヘッドフォンジャックアダプタ
1,000円程度

2 有線イヤホン (EarPods) ★

iPhone 専用の有線イヤホン（EarPods）も、マイクとして使用できます。自分で話しながら行う撮影に重宝します。

マイク部分はシャッターになっているので、撮影に便利

3 ワイヤレス（無線）マイク

話し手の胸元にクリップ式のピンマイク（発信器）をつけ、iPhoneには受信器を接続して使います。

これがあれば、話し手とスマホが離れていてもケーブル無しでクリアな音声が収録できます。ヨガコーチやジムのインストラクター動画、また移動しながら解説者の声を録る観光案内などで活用されています。

「iPhone 専用 ワイヤレスマイク」で検索
約4,000円

マイクが2つ付いているタイプは、対談や2名登場して話す場合にも使える

POINT

音の確認と取り外しを忘れずに

ワイヤレスマイクは、一度テスト収録をした後に録画を再生して、きちんと声が録れていることを確認する。

撮影終了後は、インタビュー相手がマイクをつけたまま帰ってしまわないよう注意しよう。

録音については、必ず「講座2-6　iPhoneで声をきちんと録る方法」を読んで！

IPhone に外付けマイクを接続して撮影したのに、録音できていない！

iPhone での動画作りで最も難しいのは録音。特に、「外付けマイクを接続して撮影したら音が録れていなかった」というケースで、これは iPhone との接続端子に失敗している場合が多い。

「講座2-6　iPhoneで声をきちんと録る方法」で詳しく解説しているので、必ず読んで欲しい。

照明

暗い場所でも照明を使うことで明るく撮影ができます。ここでは2種類のタイプを
ご紹介します。

1 iPhone に取り付けるタイプの照明機材 ★

レンズと同様、クリップ式で iPhone に取り付けるタイプです。小さいものが多い
ため、あまり明るくすることはできませんが、室内で iPhone から1メートル手前
の人の顔を明るくする程度の効果はあります。

 ［スマホ　自分撮り　ライト］で検索。
100円～1,000円程度

2 単体で使う照明機材 ★

コンパクト、かつ、光量の多い照明機材は1つ持っておくと重宝します。
光が足りない場所で役立ちます。

Aputure社　Amaran AL-M 9など

レンズ

スマホ用の外付けレンズは多くの場合クリップ式になっていて、iPhone のレンズ部分を挟むように取り付けるタイプが多くあります。お使いの iPhone にあったものを選びましょう。これらの機能が標準装備された iPhone もあります。

1 ワイコン・マクロ・魚眼レンズ ★

100円ショップでも様々なレンズが発売されている

この3種類がセットで販売されていることも多い。ワイコンレンズは撮影範囲が広がるため、狭い部屋での撮影に活躍します。マクロレンズは至近距離からピントを合わせ花などの超アップ撮影ができます。魚眼レンズは全体が球面状になり面白い効果が得られます。

2 望遠レンズ

遠くの被写体を大きく撮ることのできる望遠レンズは、いろいろな倍率が調整できます。遠くの景色や建物をしっかり撮影する場合に使えます。

［スマホ　望遠レンズ］で検索すると、いろいろな種類の望遠レンズがヒットする。
1,500～3,000円程度が使いやすい

3 望遠レンズが装着できるスマホケース

各種スマホ専用レンズを装着できるスマホケース。レンズを簡単に付け替えることができて便利です。

「レンズが装着できるスマホケース」で検索。Moment 社など

移動撮影

iPhone を手で持って撮影しながら歩くと、ぶれて、酔ってしまいそうな映像になります。安定した移動撮影をするためのさまざまな機材をご紹介します。

1 ジンバル ★

走りながら撮影してもほとんどぶれません。

［スマホ　ジンバル］で検索。15,000円～20,000円程度

2 ドリー（カメラスライダー）

スムーズな横移動の映像を撮ることができます。手動と電動があります。

［カメラスライダー］で検索。5,000円～10,000円など

3 回転ドリー（電動ドリー）

角度をつけて横移動する機材です。回転する角度は調整が可能です。

［電動ドリー］で
検索。
8,000円程度

4 回転台

ゆっくり回転する台で、タイムラプス撮影と併用するのがおすすめです。

［タイムラプス　回転雲台］で検索。1,500円など

5 スマホハンドグリップ

手持ちで動画撮影する場合、一定時間経つとどうしても手ぶれが発生します。ハンドルをつけるだけで、安定感がまるで違ってきます。屋外でちょっと動き回りたいときなどに重宝します。

手持ちで動画撮影するとどうしても手ぶれが発生してしまう

「スマホハンドグリップ」で安定する。［スマホハンドグリップ］で検索

ミニ三脚をたたんで手持ちしても同様の効果が得られる

6 いろいろくっつけられるリグ

iPhoneには端子が1つしかありません。そのため、周辺機器をそろえてもそれらをたくさん装着することができません。リグと呼ばれるiPhoneケースのような物を使うと、照明、三脚、マイクなどの機器を取り付けられるようになります。

［スマートフォン　リグ］で検索。15,000円など

その他お役立ちグッズ

「これがあってよかった！」というグッズを紹介します。

1 モバイルバッテリー ★

出先でバッテリーが無くなる心配があるので、持ち運びできる充電器は必須です。
バッテリー本体と iPhone をつなぐライトニング端子搭載のケーブルが必要です。

［スマホ　モバイルバッテリー］で検索。
2,000円〜3,000円程度

2 USB メモリ（ライトニング端子搭載）★

iPhone での動画撮影はデータ残量が気になりがち。容量がいっぱいでこれ以上
撮影できないという状況は避けたいもの。クラウドを使う方法もありますが、
通信量の心配をせずにバックアップする USB メモリ（ライトニング端子搭載＝
写真下の赤丸部分）があれば簡単です。

Transcend 社など。64GB で約6,000円

3 防水ケース

プールや海などの撮影で、スマホを水や細かい砂から守ってくれます。ケースの
上からタッチ操作できるタイプかどうかは要チェックです。

［スマホ　防水ケース］で検索。1,000円程度

4 モバイルプロジェクター

iPhone で撮った動画をその場で関係者とチェックすることもあります。そんな時は小型のプロジェクターがあると何かと便利。壁などに映し出して確認できます。iPhone のライトニング端子とプロジェクターの HDMI 端子ケーブルを接続するアダプタも必要になります。

［小型　プロジェクター］で検索。
25,000円〜35,000円程度

iPhone のライトニング端子とプロジェクターの
HDMI 端子ケーブルを接続するアダプタ

5 キャリングケース

iPhone 関連の機材は、細々したものがたくさんあり失うことも多い、これらをまとめておくため、著者はソフトケースを愛用しています。

［ガジェットポーチ］で検索。1,000円〜2,500円程度

POINT

スマートフォン動画撮影機材特設サイトのご案内

機材はどんどん新しいもの、より便利なもの、改良されたもの、さらに安価なものが次々登場します。本書でご紹介した機材も、古くなるものも改良されるものもあります。そのため、著者のウェブページ内に特設サイトを用意しました。

随時、「これはおすすめ」というものを更新していきます。

映画工房カルフのように / スマートフォン動画撮影機材　https://karufu.net/spkizai/

講座
8
周辺機材&アプリでレベルアップ

iPhoneで撮影した動画の編集アプリはたくさんあります。どれがいいのか悩み出すとキリがありません。あれこれ"よりよいもの"を探し続けて時間を浪費するよりは、気に入ったものを見つけて使い込むのが上達の早道！

どのアプリがいいのかは、使う目的や使い方によって変わります。ここでは、目的に合わせたアプリを紹介します。

アプリ選び3つの視点

新しいアプリを知ったとき、使ってみるかどうか判断する視点をまとめてみました。参考にしてみてください。

1 無料かどうか

無料とうたっているアプリでも、何らかの制限があることも多い。その制限が何かを確認しましょう。多いパターンとしては、書き出すときにアプリのロゴが入ったり、機能制限があったり。中には、無料期間が決まっていて、気がつくと有料になっていた、なんてこともあるので注意。説明書きをよく読みましょう。

本書では「アプリのロゴが入らない」という部分も重要視しています。

2 ユーザー登録、ログインが必要かどうか

ユーザー登録（ID、パスワードの登録など）が必要なアプリは、会社支給のスマホでは使用が難しいケースもあります。セキュリティーの不安を感じることもあるでしょう。本書では、ユーザー登録が必要ではないアプリを紹介しています。

3 テロップの入れ方はどうか

スマホアプリで悩ましいのが「テロップ」で、満足がいくものは多くありません。かと言ってテロップが面白く入るアプリを使うと、今度は別の機能で不満が出る可能性も高い。

ここでは、「動画の目的に応じて合格点のアプリ」を選ぶこととします。「スマホ編集アプリのテロップに関してはこんなものだ」という諦めも必要だと思います。

オススメ編集アプリ

【いろんな場面で使いたい：『iMovie』（アイムービー）】

● 本格的な編集が無難にできる。短いものも長いものも、声も編集したい場合は、とりあえずこれをマスターしておくといい。ただ、いわゆるかっこういい編集は不向き。テロップの入れ方の自由度は低い

【縦で撮った動画を編集したい：『VLLO』（ブロ）】

● ロゴは入らないが、無料版は機能制限と操作中の広告表示がある。縦向き動画の編集をしたい方にはオススメ。無料版では、動画の上に動画を組み合わせることができない

【縦で撮った動画を編集したい：『InShot』（インショット）】

●無料版でも十分な機能がついている。広告視聴をすればロゴなどが入らない。

こちらも人気！ 編集アプリ

【使いやすいが商業利用は禁止『CapCut』（キャップカット）】

●無料かつアプリのロゴが入らず、機能も豊富で使いやすい。ただ、商用利用が禁止されているので注意

【パソコン版が人気『Filmora（フィモーラ）』】

●初心者向きにデザインされているが、無料版は書き出すときに大きくアプリのロゴが入ってしまう。ただ、パソコン版 Filmora は人気なので、それを使い慣れている人は有料アプリ版を検討してもいいかもしれない

【コマ撮りアニメが作れる『Stop Motion Studio』】

●動くはずのない製品が動くなどマ撮りアニメが作れるアプリ。見たことのない映像で目を引くことができる。リモコンシャッターがあると便利

【写真に文字を入れるアプリ『Phonto 写真文字入れ』】

●写真にさまざまなフォントを組み合わせてサムネイルをデザインできるシンプルなアプリ

【簡単にデザインができる無料ツール『Canva』（キャンバ）】

●デザイン性の高いサムネイル作成に使える優れもの。無料範囲内でも使えるが、会員登録が必要。パソコン版もあり使いやすい

講座
8

周辺機材＆アプリでレベルアップ

259

アプリの「使いやすさ」は、慣れの問題

基本はスマホで動画を気軽に作れるメリットを楽しむこと！

「あのアプリがいい。このアプリがおすすめ」。人に聞けば聞くほど、いろんなオススメのアプリが耳に入ってきます。でも、アプリにハマリ出すとキリがありません。使ってみてそのアプリにイマイチなところがあるからと別のアプリに手を出すと、今度はそのアプリのイマイチな点に気付くことになり……
次は、足りない機能を補完してくれるアプリ探しが始まります。
ボカシ入れに特化したアプリ、字幕に特化したアプリ、録音だけのアプリ、映像の色味変更のためのアプリ……
それぞれ素晴らしいのですが、いろいろなアプリを使えば動画の質が向上する、というものでもないのが悩ましいところ。

撮影の失敗や編集の面倒さから逃れるためだけに、対処療法的に次々とアプリを探していると、せっかくスマホで動画を気軽に作れるメリットからどんどん遠のいてしまいます。

やはり基本に立ち返りましょう。
新しいものに目移りするのではなく、1つのアプリを使い込む方が上達します。
最初は難しいと感じるかもしれませんが、単に慣れの問題です。

そして、使っているアプリで解決できない問題が起こった時に考えることは、別のアプリに乗り換えるということではなくて、「企画」や「撮影」方法で対処できないだろうか、と検討することなのです。

索引

索引 【50 音順】

索引

索引

おわりに

お仕事で初めて動画を作る人のための具体的な羅針盤でありたい

本書は、2020年6月に出版された『iPhoneで作ろう ビジネス動画の教科書』を、全面的に増補改訂したものです。
そこからコロナ禍を経て、動画に対する社会の認識も大きく変わりました。
オンラインでの動画活用が一般化し、SNSショート動画も人気です。
個人的には、スマホ動画に関する連載や講演、企業研修の依頼が増えています。企業でも個人でも、行政・団体でも、「自分たちで動画を作る」という文化が広まっているのを強く感じます。

私は、映像講師として書いたりお話ししたりする一方で、プロとして撮影・編集も請け負っていますし、個人クリエイターとして動画発信も続けています。
すべての始まりは、1994年に1台の中古のビデオカメラを祖父から譲り受けたことでした。
そこから独学で映画を作り続けるのですが、その過程で数多くの失敗を経験します。
それらの失敗談を、2001年にホームページで公開したところ、悩みを持った方からどんどん質問が来るようになりました。質問内容のほぼすべてにおいて失敗済みだった私は、「これは避けた方がいい」という経験談をせっせと返信し続けました。やがてある程度の人数を集めて一緒に作品作りをするワークショップを開始し、今年で20周年を迎えます。

ゆうに1,000人を超す初心者の方々と映像を作ってきて、2つ、気づいたことがあります。
1つは、初心者はほぼ同じところでつまずくということ。
そしてもう1つは、初心者の悩みは20年間ほぼ変わらないということです。

もちろん、ツール、機材、人気メディアはどんどん変わっていきます。
しかし、それらを扱う人間の方は基本変わらない。
人気アプリを使っても、「どうすると正解なのか分からない」といった不安はつきまといますし、照明機材をそろえても、カメラの前でうまく話せるかどうかはまた別の話。
本書は、そのように多くの初心者が、「ひっかかるポイント」に配慮して執筆しました。
特に必要のない機能とその理由、長いセリフの扱い方などにも触れています。
逆に録音など、とても重要なのに、最初はないがしろにされがちな情報は詳しく解説しています。

前作に続き、今回も出版社ペンコムの増田編集長に伴走いただきました。
お仕事で初めて動画を作る人のための具体的な羅針盤でありたい、というのが共通認識です。
本書を使って実際に撮って編集してみながら、動画の作り方を身につけていっていただければと思います。

最後になりましたが、今回の執筆にあたり、キッチン＊コミュニケーションの鎌倉惠子さん、はまもとコーヒーの濵本卓弥さん、明石の魚 嵜〜 SAKI 〜の山嵜清張さん、江井島まちづくり協議会のみなさんに取材・ご協力いただきました。この場を借りてお礼を申し上げます。

キッチン＊コミュニケーション　　https://kamakurakeiko.com/

はまもとコーヒー　　　　　　　　https://www.hamamoto-coffee.com/

明石の魚 嵜〜 SAKI 〜　　　　　http://akashinosakanasaki.jp/

江井島まちづくり協議会　　　　　https://eigashima.net/

2023年3月　　　オリカワ シュウイチ

著者サイト一覧	
【公式ホームページ】 映画工房カルフのように https://karufu.net/	
【メールマガジン】 映画が作れるようになるメールマガジン https://karufu.net/mm/	
【YouTube チャンネル】 超初心者のための映画制作講座 https://www.youtube.com/@eigalessonkarufu	
【映画制作体験ワークショップ】 初心者限定・社会人向け・2日間で 映画制作を体験できるワークショップ https://eigaschool.com/	
【Instagram】 @studio_karufu	
【TikTok】 @karufunet	

映画制作体験プロデューサー
オリカワ シュウイチ

1994 年にビデオカメラ1台で映画制作を開始。 数々の失敗を繰り返しながら 22 作品を監督、
さまざまな映画祭で上映される。 2003 年より初心者向け映画ワークショップを全国で開始。
企業向けセミナー・研修も数多く担当。
専門用語を一切使わない、映像作りに初めて触れる人にも分かりやすい教え方に定評がある。
2008 年から配信の映像作りのノウハウや楽しさを伝えるメルマガ「映画が作れるようになるメール
マガジン」の登録者数は 4,700 人に上る。 1975 年広島県生まれ。電気通信大学卒。
● 映画工房カルフのように
　https://karufu.net/

iPhone でお金をかけずに
ビジネス動画を作れるようになる本

2023 年 4 月 11 日　第1刷発行

著　者　オリカワ　シュウイチ
発行者　増田　幸美
発　行　株式会社 ペンコム
　　　　〒 673-0877 兵庫県明石市人丸町 2-20　https://pencom.co.jp/
発　売　株式会社 インプレス
　　　　〒 101-0051 東京都千代田区神田神保町一丁目 105 番地

● 本の内容に関するお問い合わせ先
　　　　株式会社 ペンコム　TEL078-914-0391　FAX078-959-8033
● 乱丁本・落丁本などのお問い合わせ先
　　　　TEL03-6837-5016　service@impress.co.jp
　　　　古書店で購入されたものについてはお取り替えできません。

装　丁　福家 さやか
本文制作 株式会社 交友印刷
印刷製本 株式会社 シナノパブリッシングプレス